U0541114

中国早期大学教师晋升制度

赵书琪 ◎ 著

中国社会科学出版社

图书在版编目（CIP）数据

中国早期大学教师晋升制度 / 赵书琪著. —北京：中国社会科学出版社，2024.4
ISBN 978-7-5227-3440-8

Ⅰ.①中… Ⅱ.①赵… Ⅲ.①高等学校—教师—管理—研究—中国 Ⅳ.①G645.1

中国国家版本馆 CIP 数据核字（2024）第 073780 号

出 版 人	赵剑英
责任编辑	安　芳
责任校对	张爱华
责任印制	李寡寡

出　　版	中国社会科学出版社
社　　址	北京鼓楼西大街甲 158 号
邮　　编	100720
网　　址	http://www.csspw.cn
发 行 部	010-84083685
门 市 部	010-84029450
经　　销	新华书店及其他书店
印　　刷	北京明恒达印务有限公司
装　　订	廊坊市广阳区广增装订厂
版　　次	2024 年 4 月第 1 版
印　　次	2024 年 4 月第 1 次印刷
开　　本	710×1000　1/16
印　　张	13.75
插　　页	2
字　　数	218 千字
定　　价	79.00 元

凡购买中国社会科学出版社图书，如有质量问题请与本社营销中心联系调换
电话：010-84083683
版权所有　侵权必究

目　　录

绪　论 ……………………………………………………………（1）
　一　选题缘由 …………………………………………………（1）
　二　研究意义 …………………………………………………（5）
　三　研究综述 …………………………………………………（7）
　四　核心概念界定 ……………………………………………（17）
　五　研究目的与思路 …………………………………………（19）
　六　研究方法 …………………………………………………（20）

第一章　大学教师晋升制度产生的渊源 ……………………（22）
　第一节　近代西方大学教师晋升制度的产生与发展 ………（22）
　　一　近代西方大学教师晋升制度溯源 ………………………（22）
　　二　近代欧美、日本大学教师晋升制度的发展 ……………（27）
　第二节　晚清大学堂教师晋升制度的实践探索 ……………（39）
　　一　"中体西用"理念下洋务学堂的实践 ……………………（39）
　　二　"西学体用"指导下北洋大学堂的实践 …………………（43）
　　三　"官师合一"体制下京师大学堂的实践 …………………（45）

第二章　大学教师晋升制度的历史演变 ……………………（50）
　第一节　大学教员晋升制度的萌芽（1912—1916）…………（50）
　　一　革故鼎新的教育变革 ……………………………………（50）

二　现代大学制度的发轫 …………………………………… (51)
　　三　大学教员的等级设置 …………………………………… (53)
　第二节　大学教员晋升制度的确立（1917—1926） ………… (54)
　　一　教育部"四等六级"晋级法案的颁布 ………………… (54)
　　二　各大学"以聘代升"模式的早期探索 ………………… (56)
　第三节　大学教员晋升制度的发展（1927—1936） ………… (59)
　　一　《大学教员资格条例》重新拟定教员任职资格 ……… (59)
　　二　"党化教育"指导下行政力量对晋升权的干预 ……… (61)
　第四节　大学教员晋升制度的深化（1937—1949） ………… (63)
　　一　《教员资格审查施行细则》中晋升标准的
　　　　"精细化" ………………………………………………… (63)
　　二　"学术审议委员会"的运行促使晋升过程
　　　　"程序化" ………………………………………………… (66)

第三章　大学教师晋升制度的制定 ……………………………… (69)
　第一节　晋升制度制定的背景 …………………………………… (69)
　　一　清末教习官僚等级体系的弊端 ………………………… (69)
　　二　民国初期现代大学建制的要求 ………………………… (71)
　　三　大学教员学术职业发展的趋向 ………………………… (72)
　第二节　晋升制度制定的目的 …………………………………… (74)
　　一　保障大学教员的生活待遇 ……………………………… (74)
　　二　提升大学的师资质量 …………………………………… (75)
　　三　推动近代学术研究的发展 ……………………………… (77)
　第三节　晋升制度制定的主体 …………………………………… (79)
　　一　国家教育行政机关 ……………………………………… (79)
　　二　大学评议会 ……………………………………………… (81)
　　三　大学聘任（升等）委员会 ……………………………… (84)
　第四节　晋升制度的基本内容 …………………………………… (85)
　　一　指导纲领 ………………………………………………… (85)

二　组织构成 …………………………………………… (87)
　　三　晋升条件 …………………………………………… (88)
　　四　提请事宜 …………………………………………… (91)
第五节　晋升申请的审查程序 ……………………………… (92)
　　一　教员个人申请 ……………………………………… (92)
　　二　系主任审核 ………………………………………… (93)
　　三　聘任（升级）委员会审议 ………………………… (94)
　　四　校长掌理 …………………………………………… (98)
　　五　教育部学术审议委员会审批 ……………………… (100)
第六节　晋升制度的保障体系 ……………………………… (105)
　　一　国家高等教育法令法规 …………………………… (105)
　　二　大学教员学术评价制度 …………………………… (107)
　　三　大学教育经费管理制度 …………………………… (108)

第四章　大学教师晋升制度的实施 ……………………… (113)
第一节　北京大学的教师晋升制度 ………………………… (113)
　　一　办学理念与教师晋升原则 ………………………… (113)
　　二　教师晋升的实践概况 ……………………………… (116)
　　三　教师晋升的个案探析 ……………………………… (130)
第二节　清华大学的教师晋升制度 ………………………… (134)
　　一　办学理念与教师晋升原则 ………………………… (134)
　　二　教师晋升的实践概况 ……………………………… (135)
　　三　教师晋升的个案探析 ……………………………… (146)
第三节　西南联合大学的教师晋升制度 …………………… (152)
　　一　办学理念与教师晋升原则 ………………………… (152)
　　二　教师晋升的实践概况 ……………………………… (154)
　　三　教师晋升的个案探析 ……………………………… (163)

第五章　大学教师晋升制度的评价 …………………………（167）
　第一节　大学教师晋升制度的进步性 ………………………（167）
　　一　破除"官师合一"的教习晋级模式 …………………（167）
　　二　崇尚"学术本位"的教师晋升理念 …………………（169）
　　三　建构"多元开放"的教师晋升标准 …………………（171）
　　四　遵循"公平效率"的教师晋升程序 …………………（173）
　第二节　大学教师晋升制度的局限性 ………………………（175）
　　一　"非正式规则"影响晋升结果 ………………………（175）
　　二　晋升的标准偏于简单与宽泛 …………………………（179）
　　三　评价主体以"大同行"为主 …………………………（181）

结　语 ……………………………………………………………（184）

附　录 ……………………………………………………………（187）

参考文献 …………………………………………………………（203）

后　记 ……………………………………………………………（214）

绪　　论

一　选题缘由

（一）发展愿景：现代大学制度建设的需要

"国家设立大学，实振兴教育之总键，陶冶人材之巨炉。"[①] 建设现代大学制度的重要一环在于设计一套完整的内部管理制度以践行大学的办学理念和办学目标，从而保证大学顺利实现其人才培养、科学研究、服务社会的基本功能。其中，教师晋升制度作为高校进行内部管理的重要制度之一，其制度安排与运行成效关系到现代大学制度建设的进程。以人为本、公平合理的晋升制度则有助于完善高校教师管理制度、激发教师队伍创新活力。近年来，高校教师晋升制度改革持续进行。2017 年，教育部联合其他四部门发布的《关于深化高等教育领域简政放权放管结合优化服务改革的若干意见》中指出："将高校教师职称评审权直接下放至高校，由高校自主组织职称评审、自主评价、按岗聘用。"[②] 这标志着我国高等学校教师晋升制度改革进入了崭新的历史阶段。

良好的大学制度对教师个体的意义不仅在于超然的大学理想，更

[①] 何燏时：《署北京大学校长何燏时呈恳维持大学并准立予罢斥文并批》，王学珍、郭建荣主编：《北京大学史料（1912—1937）》（第 2 卷，上册），北京大学出版社 2000 年版，第 5 页。

[②] 教育部等五部门：《关于深化高等教育领域简政放权放管结合优化服务改革的若干意见》，2017 年 3 月 31 日，http://www.moe.gov.cn/srcsite/A02/s7049/201704/t20170405_301912.html，2018 年 11 月 1 日。

在于现实资源的合理配置。简言之，以专业技术职务晋升制度为代表的内部制度管理规范集中体现了大学内部组织的文化定位与价值追求。任何教育制度都有其形成的时代背景与理论渊源，在历史的沧桑变化中生成了其独具特色的烙印。现代大学制度的发展建设不能剥离历史，要在借鉴宝贵历史经验的基础上不断前行。辛亥革命后，中国社会处在典型的动荡与转型时期，国家的政治、经济、文化与国人的价值观方面经历了巨变，现代大学制度也经历了从移植国外逐渐转向立足本土、因地制宜的建设过程。现代大学制度初创于北洋政府时期，彼时政府对大学的管制相对松散，大学具有较大的自治权。南京国民政府成立后，推行党化教育，加强了政府对大学的控制，学府关系一度紧张，但也在一定程度上促进了大学的制度化。目前，对大学教师晋升问题的研究，既符合我国高校教师晋升制度改革的要求，又顺应了现代大学制度建设的需要。

（二）现实诉求：现行高校教师晋升制度的缺陷

在教育系统中，大学作为投资庞大且与社会创新发展活力紧密相连的巨型组织，理应接受公众与政府的关注与问责，并回报以卓越且高效的知识及人才产出。古往今来，大学教师之于大学，就如精神之于躯体，是大学灵魂之所在。大学教师是大学本身实现其社会价值与职能的功能要件，大学是大学教师得以栖身的家园。可以说，大学教师队伍的质量直接影响到大学组织的运行与社会的发展。现如今，社会对高等教育质量的关注以及高校人事制度的发展都对大学教师晋升制度提出了新的要求。目前，我国高校教师晋升评价在晋升形式上分为逐级晋升与破格提拔相结合的方式；在内容规定上，立足于现代高校的基本职能，大致分为科学研究、教学工作和社会服务三方面；在评价方式上，采用定量评价与定性评价相结合的方式。其制度运行中的问题主要体现在如下方面。

其一，晋升评价权的失衡。目前，在政府"放管服"治理理念的实施与权力下放的现实环境中，大学获得了比以往更多的自主权，但不可否认的是，行政权力依然在大学教师晋升的过程中存在着一定的干预。"受政府行政手段配置教育资源、大学自主办学的文化传统缺失以及政治行动者的初始行为选择的影响，大学建立了以行政为主导的教师职称评审制度。"[①] 受到传统"五唯"文化的影响，极少有高校管理者与教师能够真正从量化指标几乎等同于政绩的制度文化环境中置身事外，保持应有的理性态度。故而，在各种评估和项目验收的重压之下，高校职务晋升自主权的下放并不能从源头上缓解内部行政与大学学术之间的紧张关系，反而有助于强化其行政权力的刚性逻辑，致使大学管理制度运行方面失衡。

其二，晋升评价标准有待完善。这表现在晋升评价标准缺少专业划分，晋升评价标准存在重科研轻教学，重数量轻质量的情况。目前，为了强调量化评价，用数字说明问题，许多高校往往建立庞大的项目评价体系，将可能反映申报者工作情况的所有统计内容都覆盖进去，对不同的项目给出不同的分数来计算"工分"。贯穿于晋升过程中的各项标准像是教师群体学术职业的牵引绳，使其迷失于各种量化指标与琳琅满目的称号奖项中，而逐渐忽视了对人才培养的坚守与对学术个性、质量与声誉的不懈追求。

其三，晋升评价组织程序尚不健全。大学教师晋升能否科学、公平、高效，在一定程度上依赖于其程序组织的运行机制是否健全，能否履行其职责，行使其学术权力。目前，我国高校教师晋升决策组织在实际运行中还存在些许问题，例如："晋升目标与标准不够明晰、'决策'功能虚化，青年教师、学生参与不足独立性缺失，职能交叉，学术霸权与学术不公。"[②] 可见，目前以高校学术委员会为代表的教师晋升评价组织虽得以建立，但其运行机制尚需完善，实际效能有待提升。

大学教师的晋升应体现在申请者专业技术水平层次上的提高，而晋升制度实施的成效就是确定申请人的专业技能是否真正实现了这样

[①] 文少保、蒋观丽：《高校教师职称评审制度变革的历史制度主义分析》，《大学教育科学》2019年第4期。

[②] 魏小琳：《我国高校学术委员会运行的有效性研究》，《教育发展研究》2016年第19期。

的飞跃。针对现行高校教师职称评定制度在实施过程中暴露出的问题，学界需要在制度顶层设计层面进行系统研究。综上所述，作为对现实问题的回应，本书以中国早期大学教师晋升制度为研究对象，以期为教师晋升制度改革提供历史经验与现实启示。

（三）历史镜鉴：大学教师晋升制度具有丰富的研究价值

雅斯贝尔斯曾对史学研究的价值进行过经典论述："过去和未来都在现在之中，我要达到现在的深度就必须装备历史的传承和学会如何记忆。"[①] 鉴往知来，有比较方行鉴别，对于大学本质与发展规律的理解应该建立在阅读历史的基础之上。晚清、民国时期是中国近代大学制度的起步阶段，彼时的新与旧、中与西，传统与现代元素构成了大学制度生成与发展的社会制度环境，也开启了中国现代大学独具特色的发展道路。晚清、民国时期作为中国现代高等教育的正规化、制度化发展的开端，在这段特殊的年代里，以大学教授为首的知识分子群体强烈的家国情怀、高尚的道德操守、精深的学术造诣和独特的人格魅力深得后世称赞。从晚清的文化反省到大学制度的建立，从校长集权到教授治校，以蔡元培为代表的有识之士运用道德与法治的双重力量，崇尚制度文化与教授治学，缔造了大师辈出、学术涌现的制度环境。

任何制度要摆脱自己发展中的盲目与幼稚，就需要对过往的历史进行深刻的总结与反思，生成所谓的"自我意识"。选择研究大学教师晋升制度的初衷不仅是对历史现象进行简单的描述与分析，更要在还原史实基础上为现实问题提供合理的解决方案。晚清、民国时期，无论在学术研究、人才培养抑或是教育行政管理制度上，大学都充当了革新的先驱，其办学理念和实施举措，不仅推动了中国近现代高等教育的整体变革，且对引领社会思潮、推动社会进步有一定的积极作用。而中国近代大学本身即为舶来品，其教师的选拔与晋升明显地带

---

① ［德］卡尔·雅斯贝尔斯：《什么是教育》，邹进译，生活·读书·新知三联书店1991年版，第40页。

有学习西方的痕迹。清末颁布的《钦定京师大学堂章程》将教员划分成四个由高到低的等级：总教习、副总教习、教习与副教习。在此之后，大学教师晋升制度经历了本土化的过程，由最初的"自由放任"状态逐渐趋于规范。以中国早期大学教师晋升制度为研究对象，总结其利弊得失，取其精华，不仅可以弥补该领域学术研究的不足，也能够为当前大学教师晋升制度的完善提供经验借鉴。

二 研究意义

美国教育家伯顿·克拉克指出："在教育界，与现实相联系的历史著作很少，反映现实问题但缺乏历史深度的著作却很多，这就把关于高等教育组织的研究割裂开来了。"[1] 大学教师晋升制度领域的研究是一个既具历史价值且富有现实意义的议题，本书既能够丰富高等教育史的研究，也可以为当下我国高校教师晋升改革提供多样化的历史经验。具体来说，本书的价值体现在以下方面。

（一）理论意义

20世纪中后叶，国际上开始对教师专业发展这一议题给予广泛关注。在研究的对象上，主要聚焦于基础教育领域尤其是一线中小学教师的专业发展问题，针对高等教育领域中的大学教师专业发展的相关研究较少。当下，对中国大学教师群体的研究集中于杰出校长、教师薪酬、流动变迁、教授治校等主题，鲜有大学教师群体的晋升状况相关的专题性研究。是故，对中国早期的大学教师晋升制度进行深入研究，是一次全新的尝试。

首先，有助于廓清大学教师晋升制度的历史事实。教师晋升制度是一项重要的高等教育内部管理制度。通过考察该制度产生的历史起点，梳理该制度建立、发展的过程，探究该制度的设计与实施成效，有助于还原我国早期大学教师晋升制度的历史事实。

---

[1] ［加］约翰·范德格拉夫等编著：《学术权力——七国高等教育管理体制比较》，王承绪等译，浙江教育出版社2001年版，第213页。

其次，有助于深化我国大学教育制度史的研究。清末民初，伴随着西学东渐的历史潮流，西方的大学教育制度被先后引入，众多历史学家与教育学者纷纷对这一时期教育制度的兴衰更替进行了持续的研究。遗憾的是，之于大学教师晋升制度这一问题域，目前尚未出现专门且系统的研究成果。故本书将研究对象选定为中国早期大学的教师晋升制度，此举有助于丰富我国大学教育制度史的史料，深化我国大学教育制度史领域的研究。

最后，有助于大学教师晋升制度理论的拓展与深化。改革某一制度的前提是深入剖析其设计逻辑与作用机理，通过对制度文本内容的深入分析，缕析制度功能实现的政策环境与基本要件。因此，本书将围绕这些问题，分析大学教师晋升制度的设计逻辑与作用机理，以丰富大学教师晋升制度的理论。

（二）现实意义

"制度"作为当前学术界研究的热点问题，它不仅仅是源于理论发展的需要，而且是为了解决实践中的现实问题。那么，作为大学内部管理制度的大学教师晋升制度是一个极具实践性的议题。

一方面，有助于大学与教师树立正确的教师晋升观。现阶段，高校在教师职务晋升与职称评定的过程中存在着"五唯现象"，引发了大学教师群体"重科研轻教学、重数量轻质量、学术道德失范"等一系列突出问题。晚清、民国时期乃我国现代大学制度建设的发轫期，研究该时期大学的教师晋升制度可为我国大学理解与修正当今教师晋升制度运行中存在的问题，从而制定科学、合理的教师晋升制度提供历史镜鉴。

另一方面，有利于推动我国大学科研体制改革。通过建立合理的晋升评价机制，对高等院校所产出的学术研究成果进行质量评价，明晰大学学术研究中的薄弱环节与制约发展的主要因素，有助于推动我国大学科研体制改革，促进我国大学学术研究的良性发展。

三 研究综述

笔者于档案文献、报纸杂志、传记日志等载体中可搜集到部分关于清末、大学教员晋升的零星记载，但相关资料呈现单一性、碎片化的特点。目前学界鲜有对中国早期大学教员制度的研究，对该群体晋升制度的系统化研究则更为稀缺。由于晚清、民国时期为现代大学制度的萌发期，大学教师管理制度也实属"西方舶来品"，故本书研究综述部分简单回溯了关于大学教师晋升的基本理论以及西方大学教师晋升的源流研究。此外，学者对现代大学制度、教员聘任、资格审查、学术评价等领域相关文献的梳理也为本书提供了有价值的素材。

（一）大学教师晋升的相关研究

1. 大学教师晋升的基本理论

在教师晋升的价值方面，学者们普遍认为大学教师晋升制度之于国家科学研究与人才培养的数量与质量、大学教师职业规划与发展等方面具有重要作用。学术晋升对于教师的学术创造力具有强大且持久的激励作用，大学可以通过调整教师晋级标准的方法来提高教师的教学与科研产出，挽救大学教师群体伴随着"老龄化"而缩减的学术产量。在晋升的影响因素方面，学者们从教学行为、晋升规则、学术规划和教师认可度等维度来透视教师晋升过程的多种影响因素。其一，社会环境因素，这包含教育系统所根植的国家价值观、教师文化、市场化水平及管理者行为等；其二，公平因素，教师晋升制度的科学与否一定程度上取决于申请者是否具有足够的平等机会（这里包括过程公平与结果公平）以及在实践上的实施效果；其三，动机因素，这包括内部与外部两部分。其中内部因素属于教师观念层面，例如教师的情感归属、职业态度及企业期望等；外部因素包括薪酬、奖励以及办公环境的改善等因素。

2. 大学教师晋升制度的源流研究

迄今为止，对中世纪教师等级及晋升制度这一领域较早进行专门论述的要属美国学者摩尔登所著的《大学的兴起与学位制度》①。该书从中世纪大学兴起的基本史实出发，以大学与教会关系的视角梳理了学位制度的起源与发展。作者认为，中世纪大学教师等级与其学位制度休戚相关，由于彼时学生的学位天然地具有专业技术能力特性，换言之，中世纪大学学位制度实际上相当于教师职级分等与晋升制度。雅克·勒戈夫所著的《中世纪的知识分子》②是系统讲述中世纪知识分子及教师发展史的经典著作。本书以从事学术职业的知识分子为研究对象，结合历史背景与社会现状，对中世纪知识分子群体的诞生、发展、分化进行考察，其中不乏对中世纪教师特征、学位授予制度及教师等级划分的论述。

哈斯金斯所著的《牛津大学与教师执教资格》③以中世纪著名的牛津大学为例，记述了大学教师资格与等级的相关信息。大学可规定各学院的教席数额，类似于现在的编制限额。中世纪大学教师的职称等级和职称授予的制度皆仿于此。此外，有研究论及中世纪终身教职制度的萌芽。例如：海斯汀·拉斯达尔认为："如果我们对12世纪后半叶获得'教授'头衔者逐一进行调查的话，便可得知其实拥有这一头衔者并非全是致力于，或者至少不是终身从事教学活动的人士。"④亚瑟·科恩则聚焦美国大学中终身教职的发展，他认为："教授的职位相对持久，个别情况下，助教晋升为教授，但更多的是，直接从学院外聘任教授"。⑤

民国学者在介绍中世纪大学教育的概况时，对于大学教师的等级

---

① Henry Malden, *On the Origin of Universities and Academical Degree*, London: Samuel Bentley, Dorset-street, Fleet-street, 1835.

② [法] 雅克·勒戈夫:《中世纪的知识分子》，张弘译，商务印书馆1996年版。

③ George L Haskins, "The University of Oxford and the 'Ius ubique docendi'", *The English Historical Review*, Vol. 222, No. 56, 1941, pp. 281–292.

④ [英] 海斯汀·拉斯达尔:《中世纪的欧洲大学：大学的起源》（第1卷），崔延强、邓磊译，重庆大学出版社2011年版，第143页。

⑤ [美] 亚瑟·科恩:《美国高等教育通史》，李子江译，北京大学出版社2010年版，第26页。

与晋升有过零星记载。如郑若谷在《西方中世纪的大学教育（未完）》①中提出中世纪教师以文艺科、法律科、医学科与神学科为组织，各科教授分选科长，分掌各科教务，其职权当与近世各学院院长类似。黎正甫在《中世纪的大学教育》②中介绍了以巴黎大学为代表的中世纪大学的内部管理制度，包括教师的选拔、任命及晋升。另外，著名教育家陈东原的论文《论我国大学教员资格标准与聘任制度》③极具代表性，文中以德、法、美、意四国的教师资格标准与聘任制度为例，集中分析了彼时国外教师职称制度改革的历史经验与现实意义。

伴随着大学教师晋升制度改革的深入，涉及国外大学晋升制度的渊源、历史演变、模式类型等的研究也日渐增多。学界主要集中对美、英、德、法等国家的学衔、职称制度进行探讨。例如：陶遵谦主编的《国外高等学校教师聘任及晋升制度》④是国内较早介绍西方国家大学教师职称制度的著作。该书对苏联、美、英、法、德等国家高校教师晋升制度的建立及实施情况进行了介绍。由于该书成书较早，对21世纪以后各国职称制度改革的情况未能予以体现，但却为后人了解国外高校教师职称制度的历史提供了材料。缪榕楠⑤则介绍了古希腊、中世纪、近现代时期的教师晋升条件，以求厘清西方大学教师晋升标准的变迁。阎光才在其主编的《美国的学术体制：历史、结构与运行特征》⑥一书中就曾对美国大学教师晋升及评价制度的历史沿革进行了梳理，其认为美国大学教师晋升制度发展是一个连续的过程，从时间跨度上，可以分为史前期、形成期和复杂化时期。自哈佛建校至内战结束这一时期，美国并未有真正意义上的教师晋升制度。伴随着内战结束，美国大学加快了现代化的脚步，与之对应的大学内部管理制度

---

① 郑若谷：《西方中世纪的大学教育（未完）》，《国立劳动大学月刊》1930年第1卷第4期。
② 黎正甫：《中世纪的大学教育》，《公教学校》1938年第4卷第8期。
③ 陈东原：《论我国大学教员之资格标准与聘任制度》，《高等教育季刊》1941年第1期。
④ 陶遵谦主编：《国外高等学校教师聘任及晋升制度》，华东师范大学出版社1984年版。
⑤ 缪榕楠：《西方大学教师晋升条件的历史分析》，《高等工程教育研究》2008年第1期。
⑥ 阎光才主编：《美国的学术体制：历史、结构与运行特征》，教育科学出版社2011年版。

改革也提上日程。二战结束后，美国大学迅猛发展，教师晋升系统也日益复杂。李函颖[①]以美国佐治亚大学为例，以历史制度主义为视角解析制度构成，并结合调查法分析了美国大学教师晋升制度的正式与非正式规则。另外，王建慧等人[②]、朱炎军[③]等人从不同视角对西方大学职称制度的历史、现状及变革等某一方面进行了相应研究。

3. 大学教师晋升的现实考察

国外关于大学教师晋升制度的现实考察大多以实证研究为主，以某一地区或学校为案例，通过量化指标与质性研究相结合的方法描述现状，进而发现制度存在的问题并提出解决方案。

近年来，国内关于大学教师晋升机制现状与不足方面的研究日益增多。其中，高顺成等人[④]选取了河南等中部六省于 2010 年参评教授职称的 1000 余名大学教师作为样本，以分析教师职称晋升与创新懈怠的关系。结果显示，大学教师职称晋升与创新懈怠之间有着强烈的负相关关系。李爱萍等人[⑤]采用多元线性回归分析方法，利用"2014 年大学教师调查的数据"，对大学教师晋升中的个人因素、高校因素、学科因素、人力资本和社会资本因素进行了统计分析。研究发现：个人背景和人力资本是决定高校教师晋升时间的关键因素；取得博士学位更有助于教师晋升；此外，与高顺成等人研究结论相悖的是，她们认为女性大学教师的晋升时间较男性更长。李志峰等人[⑥]对教师职务

[①] 李函颖：《美国研究型大学教师晋升评价的正式规则与非正式规则》，山西教育出版社 2018 年版。

[②] 王建慧、沈红：《美国大学教师评价的导向流变和价值层次》，《外国教育研究》2016 年第 7 期。

[③] 朱炎军：《教学学术视角下西方大学职称制度改革研究——以美、加两国为考察对象》，《社会科学论坛》2017 年第 9 期。

[④] 高顺成、李梦杰：《晋升教授职称与高校教师创新懈怠的关系——基于中部六省高校的调研》，《现代教育管理》2018 年第 9 期。

[⑤] 李爱萍、沈红：《大学教师晋升时间影响因素的实证分析——基于"2014 大学教师调查"》，《复旦教育论坛》2017 年第 1 期。

[⑥] 李志峰、浦文轩、刘进：《权力与学术职业分层——学校权力对高校教师职务晋升影响的实证研究》，《高等教育研究》2013 年第 7 期。

晋升中的影响因素进行实证研究，结果表明：大学教师职务晋升是行政与学术权力综合影响下的结果，区别在于，在不同类型与层次的院校两种权力的影响程度与内容有所差异。

综上，近数十年来，伴随着现代大学制度的发展，学界关于大学教师晋升制度领域的研究日益增多。在研究范式上，注重宏观研究与微观研究相结合，理论研究与实证研究相结合。上述研究也为本书提供了丰富的理论资源。

（二）大学教师评聘制度的相关研究

中国近现代高等教育研究伴随着近现代大学的产生而发端。1912年，政府颁布了首部高等教育法案——《大学令》，它明晰了彼时教育体制下大学教员的身份与等级问题，法令取消了清末的官职教习，借鉴了西方大学的学术职称体系。在此环境下，学界对于校长聘任、教师等级与评价等各抒己见，以求为现代大学的发展建言献策。例如，华林一的《教育评坛：中国的大学教育》[①]一文，内容涉及近代大学教师聘任和校长选派事宜，其批判了对于大学聘任教师时尤为注重有留洋经历者的现象。日本学者桑木严翼针对北洋政府时期的大学校长聘任现象进行了批评，在《大学制度改制论》[②]中谈到大学制度实乃大学行政之大问题。对于行政问题，应尊重自由，而之于内容一端，则不宜过于自由，校长的选聘乃大学之重中之重。其批评了校长人选为上级行政长官选定，而非教授推举的情况，建议民主选举校长人选。

南京国民政府建立后，随着政局的稳定，大学制度建设取得了较快发展，对大学教员的研究也越发深入，其中也不乏对教员评聘制度的相关论述。例如：傅斯年于《独立评论》上发表的《改革高等教育几个问题》[③]极具代表性。文中认可了1912年以来，大学学制取得了一定的进步。但彼时大学仍然不是欧洲的大学，大学制度仍然无法发展学术，原因乃大学升教授全不以资格，去教授全不用理由，这也是

---

① 华林一：《教育评坛：中国的大学教育》，《教育杂志》1925年第17卷第5期。
② ［日］桑木严翼：《大学制度改正论》，张远荫译，《教育公报》1922年第9卷第1期。
③ 傅斯年：《改革高等教育中几个问题》，《独立评论》1932年第14期。

古今万国唯有之奇谈。如果教育当局决心改革高等教育，教授问题就应该得到解决。对此他建议教育部与有成绩的学术机构一道，召开大学教授学术审查会议。学者若有与匹配的合格作品，将审批其大学优秀教师资格。大学教师或教授受任何大学邀请任教时，须受《教师保护条例》的保护，不能免职。

对于大学改制与教员发展方面，余家菊的论断针砭时弊。余氏于教育通讯周刊中发表《大学制度之改革要点》[①] 中谈及大学学制之变革。其以为今日大学职责，兼有人格陶冶、学术研究与专业训练三者。然而，彼时学制却存在专与精调和不善、文理学科重研究轻实用、专科学校定位不明等顽疾。故应从以下方面加以改进：大学设本科以实行普通高等教育；本科之上设研究科以培养学术人才；大学本科四年毕业，大学初二年与高中后二年整合为一年；研究科以学术之进益为目的，专业学院（或分科大学）以培养农、工、医、商、法等事业的专业人才为目的。毛以亨在《大学制度之前途》[②] 中对中国实行新教育以来的教师制度困境进行分析，认为大学改革的阻力既来源于保守势力对新教育的排斥，也与新制度无法适应中国国情有关。同时，他认为中国大学制度"宜采西方之治学方向""视尊师为吾民族之特有观念"。方惇颐在《论我国大学教育当前的几个问题》[③] 中对大学教授的人选问题表达了自己的见解。他认为，大学教授是大学教育的重心，其资质的优良不仅影响到学生学习的质量，而且关系到异国文化学术的盛衰。要改革大学助教制度，倡导助教"学术化"，免除其事务兼职，在待遇上亦应予以提高；另外，要提拔中学教师，对于研究能力高强的中学老师采取破格提拔的，在大学中可以聘请其讲授教材法等功课。除此之外，1912年至1949年间，学界也不乏从不同角度对彼

[①] 余家菊：《大学制度之改革要点》，《教育通讯（汉口）》1938年第6期。
[②] 毛以亨：《大学制度之前途》，《新民》1936年第2卷第3期。
[③] 方惇颐：《论我国大学教育当前的几个问题》，《高等教育季刊》1942年第2卷第2期。

时教员聘任的研究。如李步青的《新制教育史》①、孟宪承的《大学教育》②、陈东原的《中国教育史》③ 等。

1949年10月，伴随着中华人民共和国的成立，教育发展步入了新的时期，新的文化教育制度也随之建立。对于中国早期大学制度的宏观研究方面，虽然也有通史类的著述出现，但为数较少且多是对教育制度、教育思想、教育机构、教育人物的宏观研究，对于中国早期大学教师晋升这一问题却极少涉猎。

改革开放以来，我国高等教育史逐渐形成一个专门的研究领域，史学界与教育学界对于中国早期大学的关注持续升温。其中，关涉中国早期大学教师评聘等事宜的论述，主要体现在：其一，在宏观的通史类研究之中散见相关资料。例如：《中国大学1895—1995：一个文化冲突的世纪》④ 通过叙事的方式向读者展示了百年来中国大学制度在东西文化影响下进行的整合与革新、在东西两种文化下的碰撞下实现的冲突、借鉴和整合过程。于述胜所著的《中国教育制度通史民国时期公元1912—1949年》（第7卷）⑤ 聚焦民国时期教育制度，对大学教员的任职资格、聘任、评价、待遇与薪俸进行了简要介绍。另外，《中国近现代高等教育史》⑥《中国高等教育百年史论：制度变迁、财政运作与教师流动》⑦ 等文献中也对教师评聘进行过简要探讨。其二，对于中国早期各大学的案例研究之中。例如，苏云峰在《从清华学堂到清华大学（1911—1929）：近代中国高等教育研究》⑧ 中著有专章对

---

① 李步青：《新制教育史》，中华书局1922年版。
② 孟宪承：《大学教育》，华东师范大学出版社2010年版。
③ 陈东原：《中国教育史》，商务印书馆1936年版。
④ ［加］许美德：《中国大学1895—1995：一个文化冲突的世纪》，许洁英主译，教育科学出版社2000年版。
⑤ 于述胜：《中国教育制度通史》（第7卷），山东教育出版社2000年版。
⑥ 董宝良主编：《中国近现代高等教育史》，华中科技大学出版社2007年版。
⑦ 田正平、商丽浩主编：《中国高等教育百年史论：制度变迁、财政运作与教师流动》，人民教育出版社2006年版。
⑧ 苏云峰：《从清华学堂到清华大学（1911—1929）：近代中国高等教育研究》，生活·读书·新知三联书店2001年版。

清华大学人事网络及权力组织变革进行叙述并对教师聘任进行探讨。梁柱的《蔡元培与北京大学》① 以蔡元培在北京大学的治校实践为线索，回顾了蔡元培十年掌舵的老北大的主要事迹，对蔡校长兼容并包的办学理念，广纳教员，不拘一格降人才的聘任实践进行了详细介绍。此外，陈平原、谢泳等著的《民国大学——遥想大学当年》②、黄延复所著的《水木清华——二三十年代清华校园文化》③、赵建林编著的《解读清华》④ 中都均有所体现。其三，教员评聘制度的专门研究。邓小林在其博士论文《民国时期国立大学教师聘任之研究》⑤ 首先对英、美、德、日等国家的大学教师聘任制度经验予以介绍，得出近代中国大学教师聘任制度以西学为鉴的历史渊源，之后梳理制度的发展历程并对晚清、民国时期几所代表性的大学教师聘任制度的内容与实践进行分析。刘明的《学术评价制度批判》⑥ 则回顾了清末以来学术评价制度的演变历程，其中涉及校长的办学实践、教师资格评审、聘任方式、激励机制等方面。张瑾在《抗战时期教育部学术审议委员会述论》⑦ 中记叙了抗战时期教育部成立学术审查委员会的始末，会议的任务、目标、组织结构和大致运作情况。徐斯雄在《民国大学学术评价制度研究》⑧ 中从学术评价制度的历史演变、内容、特征、运行中的问题等维度对民国大学学术评价制度进行了系统研究。

（三）大学教师晋升的相关研究

目前来看，以中国早期大学教师晋升制度作为研究对象的文献较为稀少，大多散见于教师评聘及资格审查制度的研究之中。陈东原的

---

① 梁柱：《蔡元培与北京大学》，宁夏人民出版社1983年版。
② 陈平原、谢泳等：《民国大学——遥想大学当年》，东方出版社2013年版。
③ 黄延复：《水木清华——二三十年代清华校园文化》，广西师范大学出版社2001年版。
④ 赵建林编：《解读清华》，广西师范大学出版社2004年版。
⑤ 邓小林：《民国时期国立大学教师聘任之研究》，博士学位论文，四川大学，2005年。
⑥ 刘明：《学术评价制度批判》，长江文艺出版社2006年版。
⑦ 张瑾：《抗战时期教育部学术审议委员会述论》，《近代史研究》1998年第2期。
⑧ 徐斯雄：《民国大学学术评价制度研究》，博士学位论文，西南大学，2011年。

《论我国大学教员资格标准与聘任制度》①开系统论述大学教员选拔晋升制度之先河。陈先生回顾了自晚清大学堂、北洋政府时期及南京国民政府时期的教师职称制度的演变过程。他认为，清末大学堂的教员晋升与官僚系统密不可分，清末各种学校的教员，据《奏定学堂章程》所定，均应列作职官。名为教员，受本学堂监督堂长统辖节制，以官师自居。此时教员不是现代意义上的教师。民国成立，学制有所改订，《大学令》关于大学教员的名称职责虽有所更新，教员等级亦几经更迭，但政府没有出台明确的法律规定教员的任职资格，而各校所定教员资格、意义甚为不明，分际不清，导致诸多有海外留学经历的学生回国即可破格晋升为教授，使一些不学无术之徒有了可乘之机，借机谋得了教授的头衔。南京国民政府于 1940 年颁布的教师资格审查标准在一定程度上改变了前述的弊端。

朱希亮曾在 1940 年于《国立大学教授应由政府统一聘任之建议》②中提出大学教授应由政府集中授予、管理的建议，其中观点与陈东原有异曲同工之处。他认为彼时大学招生已采用统一的考试制度，制度虽未十分成熟，但改革却是有益的。于是，其建议大学在教师聘任、晋升、待遇、服务等方面也接受教育部的统一管理。边理庭在《抗战以来高等教育行政的新设施》③中详细介绍了抗战以来中国高等教育制度的变化，文中涉及教师晋升、待遇、资格审查的办理问题。他认为，民国建立以来，教育部对大学教师聘任等问题的管制较为宽松。抗战之后，陈立夫任部长期间组建了学术审议委员会，开始对大学教师进行严格的资格审查。

有学者对大学教员破格晋升的现象进行了研究。例如，庄磊与王林④对于学历仅为小学的沈从文就职于西南联大并最终晋升为教授的

---

① 陈东原：《论我国大学教员之资格标准与聘任制度》，《高等教育季刊》1941 年第 1 期。
② 朱希亮：《国立大学教授应由政府统一聘任之建议》，《教育通讯（汉口）》1940 年第 3 卷第 19 期。
③ 边理庭：《抗战以来高等教育行政的新设施》，《高等教育季刊》1941 年第 1 期。
④ 庄磊、王林：《西南联合大学人事管理制度研究》，《现代大学教育》2005 年第 3 期。

案例予以解析，研究认为，教员的破格晋升与西南联大校长梅贻琦的人才观、学校的民主氛围以及学校聘任委员会的运行不无关系。申晓云[①]还原了民国高等教育发展的历史语境，认为大学教师资格认定规则的出台改变了以往教员晋升的混乱局面。陈亚玲[②]认为从晚清至民国，大学教员实现了从传统社会的"官教"到以知识生产为生的学人的转变。制度化的教师资格审查流程极大地促进了学术的职业与专业化，科研、年资、教学等核心要素日益受到教员们的重视。杜海林[③]以晚清与民国时期政府颁布的高等教育法令为线索，回顾了近代我国大学教师的职称及其聘用制度。李齐[④]对 1941 年至 1949 年金陵大学教员晋升进行较为详尽的历史考察，利用原始档案力图还原民国后期金陵大学教员升等的制度规范与实施情况，并进而分析影响教员升等的主要因素。

（四）已有研究的述评

如前所述，针对大学教师晋升制度的基本理论、历史发展以及大学教师评聘制度领域的研究较之以往已有了较大进展。但总体上，之于大学教员晋升制度的研究并不深入。在既有研究中存在以下生长点：

首先，在研究数量上，于高等教育领域，尤以民国大学著名校长的办学理念、知名大学的教育实践等主题的研究汗牛充栋。但令人遗憾的是，受研究者个人条件以及史料搜集较为繁琐等主客观因素影响，学界对于中国早期大学教师晋升制度领域却鲜有涉猎。晚清、民国时期乃中国现代大学的发轫期，也是现代学术职业的开创期，对其大学教师晋升制度的研究，有助于改革现代大学制度，树立现代大学学术典范。因此，中国早期大学教师晋升制度的研究理应受到学界的关注。

---

① 申晓云主编：《动荡转型中的民国教育》，河南人民出版社 1994 年版。
② 陈亚玲：《民国时期学术职业化与大学教师资格的检定》，《高教探索》2010 年第 6 期。
③ 杜海林：《我国高校教师职称评聘制度的历史沿革与对策研究》，硕士学位论文，厦门大学，2007 年。
④ 李齐：《民国时期大学教员升等研究——以金陵大学为中心的考察（1941—1949）》，硕士学位论文，南京大学，2017 年。

但据笔者查，除了南京大学的李齐对1940年至1947年的金陵大学教员升等问题进行了较翔实的历史研究，学术界尚未出现对于该时期大学教师晋升制度方面的系统研究。

其次，在研究视角上，研究这段历史，总结其成败得失和经验教训，可为我国高等教育制度的未来发展提供参考。已有研究大都以历史学的视角对中国早期大学教师晋升进行研究，重梳理轻分析，常见历史研究，难见现实分析，鲜有从教育学视角剖析该制度的教育意涵与运行机理。

最后，在研究内容上，1898年，京师大学堂的成立标志着中国近代国立高等教育的开端。在此之后，大学不仅满足于学习和借鉴西方制度，而且逐渐形成了自己独特的办学理念和教师文化。然而，该领域的绝大部分研究都散落于高等教育史、大学个案的研究中，鲜有研究者将目光聚焦于大学教师群体晋升的实施常态与总体样貌，这不失为是高等教育史研究中的一大缺憾。

综上所述，本书以中国早期（1898—1949）大学教师晋升制度为研究对象，遵循归纳与演绎、历史与逻辑相统一的研究思路，注重规范分析与个案研究相结合，探究大学教师晋升制度产生的渊源，爬梳其历史演进，后以各高校内部的规范性文件为主要依据，结合北京大学、清华大学与西南联合大学三所大学的教员晋升实施情况，揭示其历史贡献与局限性，以期获得现实启示。

四 核心概念界定

（一）大学

"国家"从词源学是"Contrata"，代表一个人或一个民族的家园，是以政治边界为标志的领域。故其内涵包括地理、政治或民族的范畴。本书主要采用的是政治概念，即一定区域内的统治阶级与被统治阶级对立统一的组织。政府作为公共权力的执行者，是国家表达意志、发布命令、处理事务的机关。"立"的拉丁词源为"Sistele"有站立、立场等义，与机构或组织相连，表示由谁设立，为谁所有的"所有权"

问题。大学的界定参照1912年中华民国临时政府颁布的《大学令》第三条规定，"大学以文理二科为主须合于在列各款之一方得名为大学。一，文理二科并设者；二，文科兼法商二科者；三，理科兼医农工三科或二科一科者。"①

在隶属关系上，国立大学区别于私立大学，犹以中央政府之命令而设立，其经费则由国库支拨而非出自地方财政。此于相关法规中均有体现。大学主要指中央政府部门（含教育部、交通部等）直接举办的大学（不包括独立设置的学院和高等专科学校）。笔者认为，可以从以下几个方面来理解：一是在管辖权方面，大学由教育部管辖，大学校长由政府直接任命；二是在办学经费方面，资金由国库支付；三是从招生地域范围而言，生源面向全国。一般认为，京师大学堂是中国近代第一所大学。据查，1929年，全国有大学13所，包括：中央大学、北平大学、北京大学、北平师范大学、清华大学、中山大学、浙江大学、武汉大学、劳动大学、暨南大学、同济大学、青岛大学、交通大学。

（二）教师晋升制度

《说文解字》中："'晋'乃'進'也。日出萬物進，从日从臸。"② 晋升在《现代汉语词典》中解释为："提高（职位、级别）。"③ 在西方，晋升即职位上升，是指对于有等级之分的职务、职称等，从低级别到高级别的升迁。

在汉语中，《说文解字》："制，裁也。"④ 有制约、制裁之义；度是拿尺子量，有标准、丈量之义。在中国古代文献中，就常见"制度"一词的身影，如《礼记·礼运》曾记载："故天子有田以处其子孙，诸侯列国以处其子孙；大夫有采以处其子孙，是谓制度。"⑤《资

---

① 《法令：大学令》，《中华教育界》1913年第2期。
② （东汉）许慎：《说文解字 注音版》，岳麓书社2006年版，第138页。
③ 中国社会科学院语言研究所词典编辑室编：《现代汉语词典》，商务印书馆1996年版，第661页。
④ （东汉）许慎：《说文解字 注音版》，岳麓书社2006年版，第92页。
⑤ （春秋）孔丘等：《五经全解》，中国华侨出版社2014年版，第223页。

治通鉴》载："汉家自有制度，本以霸王道杂之。"① 综上，制度是人们在行为中所共同遵守的行为准则的总和。本书采用狭义的制度概念，即一系列规则的集合。

需要澄清的是，本书所涉及的教师晋升制度主要指的是大学教师的专业职务晋升制度，即对大学教师在专业技术职称等级、晋升政策、任职资格、晋升程序等方面规则的总和。研究的教师主体为实际承担学术科研及教学工作的教师，不包括行政与教辅人员。

五 研究目的与思路

（一）研究目的

本书综合运用文献研究、历史研究、案例分析等研究方法，对中国早期大学教师晋升制度进行深入系统的分析。本书分阶段梳理大学教师晋升制度产生的渊源与嬗变轨迹，揭示其制度设计，寻绎其实施环境与运行机理，分析其进步性与局限性，以还原其真实的样貌。

（二）研究思路

本书在已有研究成果的基础之上，采取宏观概览与微观透视相结合的模式，力图从整体上把握大学教师晋升制度的全豹，厘清其发展、演变脉络，分析制度功能实现的基本要件与实施过程，揭示制度的进步性与局限性。

第一部分，追溯大学教师晋升制度的缘起与历史演变。此部分包括第一、二章的内容。第一章主要揭示了大学教师晋升制度产生的背景。由于中国现代大学制度属"舶来品"，因此文章梳理了近代西方、日本大学教师晋升制度的产生与发展，试图呈现其内在联系；民初的晋升制度在晚清大学教师晋升制度的实践探索的基础上有所沿革，故选取了洋务学堂、北洋大学堂及京师大学堂三所较有代表性的清末学堂的晋升文本及实践进行探讨，以达到寻本溯源的目的。

---

① （宋）司马光撰：《资治通鉴》，吉林大学出版社2015年版，第210页。

第二部分梳理了大学教师晋升制度的发展轨迹，大学教员晋升制度历经萌芽期、确立期、发展期、深化期的历史演变，制度也经历了由无序的自由放任状态逐渐走向制度化的过程。

第三部分，深入剖析大学教师晋升制度的具体内容与制度运行。此部分包括第三、四章的内容。第三章从大学教师晋升制度的制定背景、制定目的、制定主体、基本内容、运行程序及保障机制六维度进行分析，解读大学教师晋升制度的价值导向，进而为制度的实施提供合理化解释。第四章则选取了北京大学、清华大学及西南联合大学三所大学作为案例，对晋升制度的运行机理与实施过程进行回顾与总结。

第四部分，对大学教师晋升制度进行评价。从历史发展的角度揭示晋升制度的进步性与局限性。

六　研究方法

（一）文献研究法

文献研究法是指根据研究目的，对相关文献进行收集、整理、分析，形成对研究对象全面系统的认知。在汉语词汇中，"文"指文字与文本，"献"在现代汉语中指"表现给人看"[①]，也指口头相传的信息，文献则泛指记录有知识的一切载体。本书所使用的文献主要包括各种档案记录、校史资料、政策文件、期刊、年谱、日记、回忆录、书信等，通过历史回顾的方式来分析中国早期大学教师晋升制度产生的背景及发展阶段。教师晋升制度作为舶来品，在不同的历史时期，它的生成动因如何？变化轨迹如何？运行机制如何？要回答这些问题，就必须深入至变化的历史环境中去了解教师晋升制度发展的来龙去脉，再从历史发展的脉络中勾勒教师晋升制度产生、建立和实施的共性特征。多种资料的使用有助于全面、深入地了解教师晋升制度建立和实施的历史，从而窥探大学教师晋升制度的全豹。

[①] 中国社会科学院语言研究所词典编辑室编：《现代汉语词典：第7版》，商务印书馆2016年版，第1426页。

（二）历史研究法

"历史制度主义"[①]认为历史事实是由复杂的社会、时代背景所建构的。这就要求研究者必须置身于特殊的历史环境中以追寻教育事件背后的因果关系，进而提出合理的解释。本书认为"历史制度主义"的研究思路能够从制度、制度环境与制度变迁的维度提供研究对象的分析架构，从追溯研究对象发生的脉络环境、实施的制度场域、经历的制度变迁等进行深度刻画。对大学教师晋升制度制定与实施的研究，核心之一在于分析政府与大学之间制度性的权力分配和制衡关系。因此，笔者侧重于对制度演进的横向和运行机理的深入分析，了解不同时期制度权力关系的变化。本书集中对该制度的历史贡献及局限进行了深刻探讨，以期对当前的改革提供镜鉴。

（三）个案研究法

案例分析是制度研究中最传统、最常用的方法之一，在人文科学研究中经常被后现代主义和解释学等流派所采用。科学意义上的案例研究是解释性的，研究中的个案包含特定环境中的某一历史人物、事件。一般而言，选取的案例相对于样本整体要具有一定的代表性，即反映了样本的某一基本共性或一般意义。鉴于各大学的办学水平和性质存在差异，其管理机制也有相似之处。由于时间和精力的限制，本书无法将各大学教师晋升制度的运行机理一一道来。因此，本书运用个案研究的方法来揭示这一制度的基本共性，在第四章选取了三所极具代表性的大学作为案例，分析其教师晋升制度的实施情况，以期把握中国早期大学教师晋升制度的整体面貌。

---

① ［美］B. 盖伊·彼得斯：《政治科学中的制度理论——新制度主义》，王向民等译，上海人民出版社 2016 年版，第 71 页。

第 一 章

大学教师晋升制度产生的渊源

"我国现有大学之由来,乃直取欧美制度而模仿之;然欧美之大学,何时始起,初状何若,演进何从,今之承袭于古者又皆为何,兹逢校诞之期,饮水思源,诚又有叙述之必要也。"[①] 中国早期高等教育的发展史,是中国社会与文化实现自我更迭的历史,亦是现代教育制度与中国传统教育相结合并逐步建立具有自身特色高等教育制度的历史。中国早期大学教师晋升制度在模仿和移植西方经验的过程中,并不避讳对中国传统教育制度的某种秉承,并由此形成了内核迥异于西方现代大学,同时也与中国官学、书院等教育形式相悖的大学教师晋升制度。那么,考察大学教师晋升制度需要厘清两个原点性的问题:近代西方大学的教师晋升制度是如何产生与发展;清末大学教师晋升制度又是如何设计与实践。

第一节　近代西方大学教师晋升制度的产生与发展

一　近代西方大学教师晋升制度溯源

文明的塑造与传承离不开教育的发展与贡献。在我国,现代意义上的专门教育活动出现的时间较晚,而现代意义上的大学制度更是在近代随着西方教育的传入才开始出现。

---

① 李飞生:《欧洲中古大学之起源》,《师大月刊》1934 年三十二周年纪念专号。

"Promote"一词的拉丁词源为"Promoti",有提升、上升之意。事实上,西方最早关于晋升的描述来源于罗马共和国晚期至罗马帝国初期,彼时人们将官衔的上升称为晋级通路(拉丁文为"Cursus honorum"),意为"荣耀之路",该通路是为有元老身份的人而设,代表着有抱负的政治家就任政府职位的次序,而晋升的职位亦涵盖军队及政治行政职位。大学起源于中世纪的欧洲,而大学教师作为一种专业人员开始出现亦始于中世纪的欧洲。"一个以写作或教学,更确切地说同时以写作和教学为职业的人,一个以教授与学者的身份进行专业活动的人,简言之,知识分子这样的人,只能在城市里出现。"[①] 在这一时期的拉丁语中,教师一词被称为"magister(master)""doctor"和"professor",但这三种称呼并没有显著区别,都指代那些在某个领域出类拔萃、拥有专业性权威的人。中世纪的教师代表着全面地学习并很好地掌握了所授学科领域的相关知识,并拥有相应传播资格的学者群体。正因为如此,在中世纪时期拥有"教师"头衔者,在社会上能够享受崇高的荣誉与社会地位。

中世纪欧洲大学招生最大的特色是国际性。"由于它的成员是来自所有有可能的国家的教师和大学生,由于它活动的性质,是没有国界的科学,由于它的眼界开阔,主张普遍教学的自由(licentia ubique docendi),要求有到处进行教学的权利……它和其他社团组织相反,没有对地区市场的垄断权。"[②] 中世纪"大学在开办时没有真正的地产,这一事实使得大学极富流动性,早期的大学因此能够以停办或迁址到其他城市作为交涉手段,而使地方当局作出某些让步。"[③] 与此同时,大学课程中存在的相对统一的内容也为各大学教师的流动提供了可能。

随着文艺复兴运动的兴起,在人文主义思想的席卷下,大学内部

---

① [法] 雅克·勒戈夫:《中世纪的知识分子》,张宏译,商务印书馆1996年版,第4页。
② [法] 雅克·勒戈夫:《中世纪的知识分子》,张宏译,商务印书馆1996年版,第65—66页。
③ [美] 戴维·林德伯格:《西方科学的起源:公元年六百年至公元一千四百五十年宗教和社会建制大背景下的欧洲科学传统》,王珺译,中国对外翻译出版公司2001年版,第215页。

也发生了相应的变革。尽管大学在历史的进程中逐渐呈现世俗化与民族化的特征，但在教师的来源上，彼时众多大学仍保留着极强的国际化特质。一些知识渊博，观点犀利的人文主义者纷纷受聘于新大学。他们在佩鲁贾大学、罗马大学等院校开设了古希腊语言和文学的课程，激发了意大利学生对希腊文化的浓厚兴趣。可以说，大学的民族化并未阻止其教师来源的国际化，这一方面源于其学术性的根本特质，大学作为一种学术组织，理应包容不同国籍、不同肤色的具有真才实学的学者。

中世纪大学中，虽未曾形成明文规定的晋级制度，但对于大学教师等级的讨论已初见端倪。根据工作性质的不同，教师被分为不同的类型，这其中蕴含着等级的意味。一般而言，专任教师大体上可以分为两类：骨干教师（extraordinary regents）和辅助教师（ordinary regents）。而这种划分进一步突出了骨干教师这一群体在中世纪大学的独特地位。这种独特性具有以下几层含义：在课程教学方面，骨干教师担任着核心课程的教学工作。核心课程属于学位考试必考科目，需在上午进行讲授。辅助教师无权教授核心课程，只教授辅助课程，且其授课一般在下午进行；在经济与社会地位方面，由于骨干教师拥有学位即具有担任正式教师的资格，故其学术地位与日常收入都比辅助教师高；在教师权利方面，骨干教师不仅在指导学生方面负有全责，而且还参与大学的各项管理。为了确保这一群体的特殊利益（高收入、权威地位等），也为了防止过多的人参与进来分享他们的特权，教师行会通过严格的"准入"方式对教师人数进行控制。

中世纪大学并未正式形成严格意义上的教师晋升制度，教师的准入也因地制宜。例如，在法国巴黎大学，优质的教师队伍十分匮乏，在这种情况下，许多住在巴黎的研究生也经常临时承担教师的任务。而从辅助教师荣升为骨干教师究竟需要怎样的条件与过程却并未言明。在相关文献的记载中，教师的晋升大抵与以下几种要件关联。

首先是学历因素。在中世纪，不仅获得教师资格是一件极具挑战性的事，在荣升教师后，级别晋升的竞争也异常残酷。"教师可以称博士或硕士,随着学位在13世纪兴起,一个长时期内,博士和硕士并无轩轾,他们也可以称为教授。"① 中世纪的学位制度与教师资格制度密不可分,因为只有获得相应学位的人,才有成为教师的资格。在中世纪史上,学士学位的出现要晚于硕士和博士学位,最初,它代表着教师候选人的资格,后逐渐发展为低于"硕士"水平的独立学位。硕士考试一般不公开举行,考试合格者授予教师资格证书;而授予博士学位则需要经历公开面试,即发表演讲和参加辩论。1215年颁布实施的《巴黎大学条例》乃中世纪大学学位制度的典型案例。根据条例精神,学生若想获得学位,需要付出刻苦且卓绝的努力。学生欲获得学士学位,学习年限最少达到6年且有教学实习的经历;由于"硕士"的本意为"大师",学生若得到硕士学位,就等同于获得教师资格。而博士学位的授予,对于各个学科,需要的学习年限不一。例如,"巴黎的医学院的第一部章程规定,取得医学执照或医学博士学位需要六个学年,而且是在获得艺术硕士以后。最后,神学要求很长期限。库尔森的罗伯特的章程规定,需要八个学年,并且至少要到35岁,才能获得神学博士学位。"② 由此可见,教师们欲从竞争中脱颖而出成为教师,需要付出异常人的努力。相较于巴黎大学,博洛尼亚大学教师等级的认定则相对简单。"以教学为己任的博士一旦开始教学生涯便会迅速地获得一个类似于今日大学'教授职称'的位置"。③ 此外,博洛尼亚大学制度规定只有具有博士学位的教师才能具有正式的教学资格,当教授人数出现空缺时方可接纳新成员。事实证明,通过严格筛选获得教授职位既是教师学生时代学业成就的有效证明,也是在校际流动中判断其水平的重要依据。

其次是教学水平的高低。"已得学位之后,就要准备实施其教授

---

① 马骥雄:《外国教育史略》,人民教育出版社1993年版,第156页。
② [法]雅克·勒戈夫:《中世纪的知识分子》,张宏译,商务印书馆1996年版,第69页。
③ [英]海斯汀·拉斯达尔:《中世纪的欧洲大学——大学的起源》,崔延强、邓磊译,重庆大学出版社2011年版,第144页。

技能，和其他教师硕士，赛学生的多寡了。"① 在巴黎大学，教师的"教授方式多为笔记，因当时印刷未发明，书籍颇难获得，最初只用讲演式，仅就教科书上文字章句意义加以解释，间亦采用讨论方式。"② 对于高水平的教师而言，拥有较高教学水平的教师要具备更加结构严密的思维工具。但在讲授时不能一味强调逻辑的严谨而忽视对学生学习兴趣的激发。13世纪博洛尼亚大学法律系学教授奥多弗勒都斯曾公开谈及其开设《旧学术汇编》讲座时所遵循教学方法的标准："第一，在开始讲解课本之前，我将概括每一个章节的内容；第二，我将尽可能清楚、明确地讲述每一项法律（本章所包含的）；第三，我将带着一种校正的目的来通读课文；第四，我将简要复述一下法律的内容；第五，我将尽可能地解释一些自相矛盾的说法，附带补充法律的一般原理（从文中引申出的）——统称为'简短法规'——并解释法律解答中出现的差异或一些精妙而有用的问题。"③

在组织结构上，中世纪大学教师依据所授课程的差异逐渐组成了一个专业行会性组织——教授会。教授会起源于教师协会，起初它是不具有任何学术领域区分的团体，在发展演变过程中，所有学科的教师逐渐被集合，起草章程并宣誓共同遵守章程。12世纪末13世纪初，法国巴黎的大学教师组建了四个教授会，即神学教授会、法学教授会、医学教授会和文学教授会，此举后被其他大学效仿。之后，教皇发布诏书，规定巴黎教师社群可以独立选举代理人，这也间接承认了巴黎教师协会合法地位。每个教授会都可以制定自己学院的章程，并对本教授会进行管理，且可推选"主任"（decanus）作为其在大学组织中的代表，主任和教授依据规定共同选举和监督大学校长。

中世纪作为大学诞生的时期，是一个充满活力和创新性的时代，不仅在大学制度方面实现了奠基，在教师选聘与晋升的标准与规范方面也略见端倪。从录用标准上看，由于中世纪大学在产生之初事实上

---

① [美]格莱夫斯：《中世教育史》，吴康译，华东师范大学出版社2005年版，第94页。
② 康选宜：《中古大学起源考》，《大学（上海）》1933年第1卷第1期。
③ [美]哈斯金斯：《大学的兴起》，张堂会等译，北京出版社2010年版，第47—48页。

是一种学者的行会，故大学对教师候选者有较高的学术性和专业性要求，获得学位便成为其晋级的必要条件；与此同时，教学水平也是衡量教师能够胜任更高一级别的重要因素，从某种意义上说，中世纪大学教师若想实现等级晋升，需要在学历、教学技艺等方面实现精进与突破，而中世纪大学教师晋升的经验也对近代西方大学教师晋升制度的产生与发展影响甚大。

二　近代欧美、日本大学教师晋升制度的发展

（一）近代德国大学教师晋升制度的发展

高等教育的现代转向源自德国的柏林大学。早期的德国大学以中世纪大学为样本，后深受文艺复兴、宗教改革与启蒙运动的影响，在"束缚"与"自由"的交替更迭中，开启了传统大学向现代大学的过渡，并创办了以柏林大学为代表的具有现代意义的大学。

最古老的德国大学采取的是双轨组织形式，即"学院"与"同乡会"并行。出于教学便利的考量，大学中的教学任务归属于各学院，而彼时学院的划分乃基于功能定位的不同，其功能被规定为教学、举行考试和授予学位。其中，各学院需推选院长（dean）作为事务负责人。然而，传统的师生法人统一体却被保留在大学习俗当中，它允许校长由选举产生，甚至在教师与学生不享有投票权的大学也是如此。王公贵族们为了当上校长而入学的做法一度颇为流行，且持续了很长一段时间。通常大学会另设一名副校长，负责处理具体的行政事务。19世纪初，洪堡在继承古典教育传统的基础上推行大学改革，创办了德国史上第一所现代大学——柏林大学。柏林大学自创办之初就深受德国古典哲学的熏陶与影响，其办学理念与各项规章制度很大一部分源自费希特、施莱尔马赫、谢林等学者的新人文主义思想。在洪堡的带领下，柏林大学在国家管控与大学自治逻辑的悖论中坚守着崇尚科学、精于教学与忠于研究的底线，当然，这也深刻地影响着其教师的任用与晋升制度。

德国大学皆由政府设立，而其教育行政，向来被视为集权的代

表，至于大学教授，亦由各邦政府教育部所任命，但教授虽由政府委任，人选却必由大学教授会选举，各科学长则由教授互选或轮任，而大学校长亦由教授会公举，以一年为任期。德国大学的优点，在于大学教授，必兼教授与研究，其讲授时间亦无多，且不从事于其他事物，正教授职务每学期作私讲义与公讲义，此外则从事于自由研究。德国大学的教授聘任有以下特点："第一，要获得大学授课资格……第二，有编外讲师（Privatdozent）的经历。"[①]

对于洪堡来说，与其建立一套复杂的机构来治理大学，倒不如选拔合适的学者更重要。因此，建设柏林大学的关键在于聘任有能力的学者。1817年，《柏林洪堡大学章程》被国王批准成为"永久章程"，此章程也为柏林大学的行政与学术组织的运行提供了基本框架，内容涉及：学院制、教师等级与晋升制、教授会制、讲座制、利益商谈制等制度。其中，教师等级与晋升制度成为维护德国大学学术自由和大学自治的重要制度工具。从教师等级序列来看，德国大学教员分为两大类："一类为担任大学高级课程并负指导专门研究之责者，为教授或常任教授、名誉教授、特种教授或副教授暨随意科教师等，一类为担任特种专门课程或实习功课及技术课程者，如讲师、副讲师、体育教师、专门技术教师等。"[②] 教授为大学永久专任教员，其任用手续系由教育部长咨询大学有关学院的意见而核定聘任。大学需提出三位候选人呈请部长核定聘任。"正教授系由教育部任命，须经种种手续才可达到……正教授规定为终身教授，学校不得任意革除……"[③] 在业务方面，主任教授"一人必兼数能，关于本科，至少都能教授，方可合格。如哲学系主任教授，当然要担任哲学、心理、社会诸学科方可。"[④] 此外，正教授不仅担任教学，而且能够担任院系的考核与行政工作。额外教授，也有将其称为副教授，该类型分为官式的教授（即

[①] 陈纪芹：《德国大学教师聘任制度》，《德语学习》2009年第1期。
[②] 陈东原：《论我国大学教员之资格标准与聘任制度》，《高等教育季刊》1941年第1期。
[③] 黄贤俊：《德国教育概况（附图表）》，《教育周刊》1932年第126期。
[④] 鲍成美、张肇基等：《德国大学教育之状况》，《北京师大周刊》1925年第274期。

教育部聘来的教授）和非官式的教授（由大学聘请）。此二类教授亦均由各科学长推荐，由校长呈请政府任命。额外教授具有教授职衔，但无权就院系的行政、财务等工作进行决策。但此二类教授若年数过久，学问名誉增进，正教授有所空缺时，便可升任正教授之职，从而获得选举与被选举权。讲师，凡获得有博士学位者，欲在大学任教必先草就论文呈于该科主任教授，待审查合格后报告于教授会，始有权在大学开讲。讲师无薪俸，但可征收听讲费。若任职数年，成绩卓著，可按级升为教授。讲师下设助教，其从事学术性辅助一职，工作期限一般为三年，多则可延长为六年。

此外，"编外教师"作为德国大学教员等级设置中的特殊群体，在德国大学中也占有相当大的比重。他们指的是已经具有教师资格并等待讲座职位的教师群体，属于无薪水的无固定职业者。由于不属于国家公务员，他们往往没有固定的收入，主要的经济来源是学生缴纳的听课费，也被称为"有学问的无产者"。在学者弗莱克斯纳眼中，"编外教师代表的是纯粹的学术型人才，其职业选择体现了一种理想主义的生活态度，一种对知识和理念的专一的兴趣"[①]。马克斯·韦伯曾对编外教师的生活进行过生动的描绘，编外教师犹如"并无钱财以抵御任何风险的年轻学者"[②]。的确，相较于拥有崇高学术声誉与丰厚收入的教授们而言，编外教师的晋升处境可谓十分窘迫。只有当教授职位出现空缺时，学校才允许从极少数编外教师中遴选正式教师，且晋升必须是跨校进行，因为这种行为可在一定程度上可以避免学术的近亲繁殖。

在机构组织上，教授会与学科主任教授在教师晋升方面享有职权，他们往往行使初审之权，即讲师撰写的研究著作须经过他们的审查。在实践中，教师晋升的考核方法之一是撰写论文，由大学教授会查阅

[①] ［美］亚伯纳罕·弗莱克斯纳：《现代大学论——英美德大学研究》，徐辉等译，浙江教育出版社2001年版，第314页。

[②] ［德］马克斯·韦伯：《学术与政治：韦伯的两篇演说》，冯克利译，生活·读书·新知三联书店1998年版，第18页。

申请者论文的价值并给出评价，最终授予称谓。因此，大学教授拥有对其他"同僚"审议和评价的权力。

综上所述，柏林大学的独特之处就在于把学术研究确认为教授的正式职责。自建校以来，其便以"杰出学者"作为教师晋升的核心标准之一。该标准的解读包括：其一，杰出的教师能够通过自己的教育活动捍卫自己的观念，宣传自己的思想；其二，杰出的教师要具有将自己掌握的专业知识如数家珍地传递给他人的能力；其三，大学教授要积极投身于科学研究事业。德国大学早期就把致力于科学研究事业视作教师们必须具备的一项技能，与此相较，教学效率不得不退而求其次。在德国大学发展中，教师的研究能力日益成为评判教师是否得以晋升的重要标准。学术研究的价值如果能得到所有成员的最大认同，便可成为一种信仰。教师们应该经历长期学术研究，大学才能实现其目标。表1-1为19世纪后期德国大学教师队伍的发展状况。

表1-1　　19世纪后期德国大学教师队伍发展状况①　　（单位：人）

年份	神学院 正式教授	神学院 临时和名誉教授	神学院 私人讲师	法学院 正式教授	法学院 临时和名誉教授	法学院 私人讲师	医学院 正式教授	医学院 临时和名誉教授	医学院 私人讲师	哲学院 正式教授	哲学院 临时和名誉教授	哲学院 私人讲师
1840	120	31	41	108	32	59	135	66	84	270	124	142
1870	130	33	22	126	30	41	166	100	146	383	175	169
1892	151	39	28	148	31	43	211	189	238	519	332	346

毫无疑问，柏林大学在历史上的辉煌成就与其教师晋升制度密切相关。于19世纪中期兴起的知识学科化运动使教师成为职业学者，大学教师也逐渐接受了其作为学术职业传承者的角色定位，这种职业认

---

① ［德］弗里德里希·包尔生：《德国大学与大学学习》，张弛等译，人民教育出版社2009年版，第183页。

同促进了大学内部管理制度的规范化。大学教师的从业资格、评聘标准、晋升程序乃至校际流动等事宜越来越呼唤制度性的规范。

伴随着清末民初中国学者远渡重洋，德国大学思想与制度经验逐渐被引进与借鉴。20世纪初，留学德国的蔡元培也为洪堡模式所倾倒，他接手北大后，极力营造学术研究氛围，将一批"纯粹之学问家"引入北大各学科，使其"一面教授，一面与学生共同研究，以改造大学为纯粹研究学问之机关"[1]。其对北京大学的改良参考了德国大学的建制，教学过程被看成是研究的延伸和组成部分，这也正是德国大学的特色之一。他们相信"能够独立发现新知识的人，自然不会缺少传授知识的能力"[2]，并以此为蓝本对北京大学进行了全方位的改革，取得了可观的成效。可以说，德国大学的大学理念与教师晋升制度直接的影响了我国早期大学教员晋升制度的发展。

（二）近代英国大学教师晋升制度的发展

英国大学历史悠久，富有传统，颇具特色。彼时的中世纪欧洲社会呈现出独特的二元结构，展现出"分裂"的社会发展形态，即政治权力由代表王权的国家和代表神权的教会争夺。中世纪大学的发展进程伴随着大学主体、教会势力与国家政权三方权力此消彼长、相互博弈。其中，英国大学的初兴与发展与西欧大陆大致同步。于中世纪，牛津大学与剑桥大学相继成立，也正是在这时期英国大学逐步形成了大学自治理念。

牛津、剑桥的学院制使中世纪大学教师的社团传统在宗教改革运动中得以延续，而教师等级制度则助推了教师群体专业化水平的提升。早在14世纪，剑桥大学就出现了大学教授、讲师等称谓。18世纪中叶，为了促进学术事业的发展，大学委员会提议在牛津大学搭建一个教师等级阶梯。其中，位于学术职业阶梯最顶端的是教授职位，其主

---

[1] 蔡元培：《蔡元培教育论著选》，人民教育出版社1991年版，第79页。

[2] F. Paulsen, "Die deutschen Universitäten und das Universitätsstudium（《德国大学与大学学习》）"，陈洪捷：《德国古典大学观及其对中国的影响（修订版）》，北京大学出版社2006年版，第75页。

要职责是促进学科发展和参与大学内部管理。其次是副教授，由教授组成的委员会任命，负责学校的基本教学任务。从某种意义上讲，这一阶段，英国大学仍然保持着中世纪行会的基本形态，大学较为保守与自我封闭，但大学也有相应的自主聘用与晋升教师的权力。

19 世纪后半叶，随着工业资产阶级的兴起、宗教自由的扩张和自然科学的进步，牛津、剑桥大学在内外部改革的巨大压力下开启了现代化的进程。19 世纪 50 年代以前，牛津大学由学院院长组成的学术寡头控制，之后转由学院的高级院士管理。19 世纪 50 年代初，英国皇家委员会提出要改革牛津大学的管理制度，加强大学对学院的影响力，建立大学教授制度。这期间，为了满足国家经济发展对科学研究发展的需要，牛津和剑桥两校逐渐增设教授岗位，促使大学教授不仅在数量上有所增加，在个人收入与社会地位方面也有所提高。19 世纪 70 年代，英国新一届皇家委员会加速改革的进程，取消了院士的独身限制，增设副教授职位，为导师晋升开辟了渠道。

在法律地位上，英国大学教师不属于国家公职人员，其职务由大学授予并进行管理。在英国的大学教师职业中共有三个等级，即教授、准教授及讲师。讲师申请升任准教授需要公开发表具有原创性的论文或著作，由校内与校外专家联合评审，教授职位则采取公开竞聘的方式。

在晋升组织与程序方面，大学教授及讲师晋升的评审组织由副总长、事务主任及总务院所推举的六人管理，其中超过半数为校外专家，即不在该学院担任职务的专家。当校外专家想要成为教授或讲师的候补者时，他必须提前退休并事先征求学院意见。教师晋升教授时需由事务主任召集顾问部集中商讨。"顾问部之选人须注意：（一）被选者由研究工夫对于科学或学术促进上之贡献何如？（二）教学能力如何？（三）于其学科及专业上之一般声望何如？于考虑有得后，始对于总务院作一报告叙明：（一）聘任该材中所执行过的种种步骤；（二）候聘者之姓名及其资格；（三）推荐该被聘者之理由。"①另外，教员的任职年限与其晋升后的表现不无关系。教授初任有一定的年限，临时由总务院询求顾问部的意见后决定。任职期间须参加大学联合退休储蓄金会。中途辞职须学年告终之日行之。在行为不正或不能执行职务时，总务院有权力解除其职务。

学者曾对英国的大学教师管理制度进行引介，在教员晋升审定上，在爱丁堡大学，大学庭为大学最高机关。有权聘任教授、考试员、讲师并认可大学以外各校教师所交功课，有同等程度而可作为取得大学教员的资格者，有权确定各教授职责的性质与范围。另外，在剑桥大学，"讲师皆由教务总会聘任，但须徵取有关系之教务分会之同意……教授选任会由副教务长及校务会所推举之八人组织之。此八人须有二名为校务执行会所提出，三名为教务总会所提出，又三名为与该项教座有关之教务分会所提出。为采纳校外意见起见，教务总会所推出之三人中及教务分会所推出之三人中最少须各有一人为非住在本大学区域内而且与本大学无正式关系者。连任会会员任期八年，每年改选一名。教授之选出至少须有连任会会员三分之二出席，会员过半数之同意票。从选举之日起，于十二周内，不能选出时，则由总长聘任之。"②英国大学以其悠久的历史与渐进的制度文化闻名于世，虽不及德国大学制度对中国早期大学的影响，但通过民国学者的引介，英国大学的理念也对中国早期大学教师管理制度产生了一定的影响。

（三）近代美国大学教师晋升制度的发展

美国的大学教育发源于殖民地学院，最初是移植英国高等教育模式而创立的，但在整个殖民地时期，教师的专业发展十分缓慢和艰难。早期殖民学院的课程均由校长与数名指定助教进行讲授，助教通常是刚获得学士学位的青年人。美国大学在很长的历史时期内没有教授职位，大学校长可能是唯一称得上职业化的职位。如"哈佛大学在成立

---

① 余家菊：《英国的大学》，《中华教育界》1924年第13卷第10期。
② 余家菊：《英国的大学》，《中华教育界》1924年第13卷第10期。

85年之后才有第一位教授，耶鲁大学为50多年。在150多年的漫长岁月里，美国大学教育主要依靠校长和年轻的助教来维持。"①

直到18世纪末，美国大学才陆续出现以教授为固定成员的教师群体，这也成为美国学术生涯体系的早期雏形。虽然此时教授的数量持续增加，职位也相对稳定，但其通常于校外人员中选聘，本校教师很少有资格晋升为教授。随着教授任期的不断延长，哈佛大学在20世纪早期确立了"终身教师"的职位。19世纪初，为适应国民经济发展的需要，美国学校教育体制进行了调整，面对社会对教师数量和质量的迫切需求，大学教授的数量持续增加，这一时期也可视为19世纪"教授运动"的开端。大学的常任教授人数与普通教师人数呈现出巨大变化，常任教授人数超过讲师人数。然而，彼时尚未形成从初级教师晋升到教授的职业阶梯与等级制度。在哈佛大学，多数教授来自大学以外的其他行业，其中不乏有人未有从事学术职业的经历。在此时期，大学教师晋升制度呈现封闭状态，讲师很难晋升为教授。

19世纪中后期，为了让更多的教师接受专业的学术训练，美国大学陆续派遣教师到欧洲国家进行考察，其中对美国未来教师管理制度影响最大的是德国大学的"洪堡模式"。在该模式的理念下，大学教授不应只承担教书匠的角色，而是新知识的创造者，教授职位理应成为每个教师从事教育事业的最高荣誉和职业理想，故大学中应该设立一套与学术造诣相吻合的教师等级与晋升制度。内战后，随着政权的稳定和大学教育的发展，从初级讲师到正式教授的晋升制度设计被提上了日程。大学纷纷开始尝试建立从"讲师—副教授—教授"的等级序列。

美国知名学者罗索夫斯基生动地描绘了彼时美国大学教师面对职务晋升的心态："'不晋升就辞退'是一句粗野残酷的口号，也是非终身制人员感到痛苦的根本原因。虽然这是一种必要而完全有理的作法，但毕竟不是一种特别友好的欢迎标志。"② 事实上，美国大学教师晋升

---

① 乔玉全编著：《21世纪美国高等教育》，高等教育出版社2002年版，第32页。
② [美] 亨利·罗索夫斯基：《美国校园文化——学生·教授·管理》，谢宗仙等译，山东人民出版1996年版，第153页。

程序随学校性质的不同而存在差异。在晋升权力方面，各学院具有晋升教师之权；任职资格上，与德国重视科研的传统相较，美国大学（非个别研究型大学）将教师的教学成绩居于晋升标准中的重要地位。这源于"欧洲大学为讲研高深学术之机关，而美国之大学（所谓 under graduate college，大学之本部）则为继续普通教育之场所"[①]。故欧洲的大学教授多大师者，美国大学教授多良教师。德国大学教授以其在学术界的声望及著述博得学生的信仰，而激发起钻研学术之毅力，美国最著名的教授往往为长于教法的教师，杜威在教育上的贡献实有其不朽的价值，但于彼国教育界的声望，实不及传播其学说的克伯屈，就是因克氏长于讲演与教学（克氏教法之良可由此略见一斑）。对于美国大学教师的晋升过程，在程序方面，任何人都可以提出申请，学校和系评估委员会的投票是秘密进行的，院长和主任的推荐在晋升过程中起着至关重要的作用。晋升结果公布后，将各级评审委员会的推荐报告反馈给申请人，申请人意见被驳回后，有权向上级申诉。

值得注意的是，19 世纪后，受德国大学科研模式的影响，美国研究型大学应运而生并得到发展。在这些大学之中，教师不仅是知识的传授者和解密者，还是知识的创新者和探索者。他们对知识的渴求和探索使得学术思想自由问题越发突出。在美国，一些大学教师的工作重心也从以教学为中心转向以学术研究为中心。19 世纪末，弗吉尼亚州也产生了一批研究型大学，为了对具有卓越科学贡献的教师予以嘉奖，大学中出现了"终身教师"（Tenure - track Faculty）岗位，这也成为后期美国终身教职制度的萌芽。

如果说壬子癸丑学制的制定开启了新政权对日本教育模式移植。1922 年壬戌学制的制定，则是从效法日本转向了学习美国，通过学术界的不懈努力，教授治校、通才教育等理念与制度被引进并加以实施，大学教师晋升制度在形式与程序上也逐渐与国际接轨。

---

① 常导之：《欧美大学之比较及我国高等教育问题》，《教育杂志》1928 年第 20 卷第 8 期。

（四）近代日本大学教师晋升制度的发展

日本大学教师制度的源头可以追溯到大化革新。大化革新后，以圣德太子为首的日本朝廷，在全面学习唐代政治、宗教、文化、艺术的同时，引进了唐朝的教育制度。公元718年，日本天皇命藤原不比等修改《大宝律令》（于公元701年颁布），编成律、令各10卷，史称《养老律令》。其中之一的《学令》中规定，在国都设立大学寮（在学校性质方面相当于现在的大学）。当时大学寮不仅开设经学，也开设音、书、算三科。其中，经学是主要课程，代表性的有《周易》《尚书》《礼记》和《春秋左氏传》等。在入学资格上，大学寮有严格的等级身份限制。大学寮下设几种人员设置：博士、音博士、书博士、算博士和助教。其中博士（相当于今天的教授）和助教教授经学，音博士教授汉字的字音，书博士教书，算博士教算道。彼时的日本学校学官十分缺乏，故准入条件较宽松。此外，《学令第十一》还规定：凡博士助教皆取明经堪为师者。书算亦取业术优长者。[1] 对于"明经"的解释大抵为学官指导学生研读经文，讲课时需以注释书为依据，不得自己发挥创意。

早在奈良时代，日本就已出现"博士"和"助教"称谓。日本大学教师职称制度的建立始于明治维新时期。明治政府于京都设立大学校，并于同年12月改称为"大学"。"大学"教师分为大博士、中博士、少博士、大助教，中助教和少助教等职务。1872年，日本颁布了历史上第一个全国统一的近代教育法令——《学制》。根据其精神："大学教员须获得学士称号。"[2]

在教师人事管理方面，在近代大学制度创立初期，大学的教师管理由文部省统筹负责，包括设立教师职务等级，明晰教师聘任与升级标准，但尚未完成制度化。于大学之内，教师日常管理由学部负责，

---

[1] 《学令第十一》，杨学为总主编：《中国考试史文献集成第1卷—第2卷 先秦至南北朝 隋唐五代》，高等教育出版社2003年版，第833页。

[2] 杨子江、柏昌利：《中日近代学制比较——以中国〈癸卯学制〉和日本从学制为例》，《郑州轻工业学院学报（社会科学版）》2017年第1期。

教师任用则须由文部大臣直接审批。1878年，文部省为东京大学制定了学部职务制度和事务章程，对大学管理人员和教授、副教授、兼职教师等的任务、职责、权限等细节作出了规定。

其中，日本大学职员大致分为两种：事务官与教官。事务官分大学总长、书记官、事务官、学生监、司书官，书记、司书七类，教官为教授、副教授、助手三类。公立大学职员等级根据普通的国家官吏办理，待遇各分等差，按其年限与供给而晋级。值得一提的是，在日本，大学教师的身份是国家官吏，被称为"教官"。其中，教授担任讲座，教授学生并指导其研究，副教授协助教授从事授课与实验的工作，大学教师中还增加了助手一职，助手接受教官的指导，从事与学术、技艺有关的工作。教师人事由政府按照当时的官吏制度统一管理，学校对重要事务必须向文部大臣申报，由文部大臣裁处。例如：1886年日本政府颁布《帝国大学令》，东京大学改为帝国大学，大学设总长，全校事务由总长统一管理。在总长的聘任与晋升方面，"大学总长与学长，虽为国家之官吏，惟非政府之直接委任，乃由教授会择校中之德望高深，学问优秀，官位最高者，投票选出后，而呈请文部大臣加委也。此法盖以保持大学之尊严，不受政治之支配，且优待学者，赋予之特权也……职教员任命罢免或升级之权，皆操于国家之手，与学校校长全无关系，且彼等姓名，均作国家官吏，而载于内阁职员录上，故倘非有莫大之过失或自愿辞官者，可终身在职，以至停年，校长不能任意去留，而改用私人也。"① 19世纪末，文部省对《帝国大学令》进行了修订，在内容精神上借鉴德国模式，于学部层面以教授会取代了原有的学部咨询会这一学术组织形式，其中该会人员包括学部选拔的教授和副教授，组织职责为审议学科课程、奖学金发放、教师任免等事项。教授会的成立使教师在大学教师人事管理中拥有了更多的发言权。

此外，日本大学还引进了欧洲大学的讲座制度，在实施中，作为

---

① 陈作梁：《日本的大学教育》，《教育研究（广州）》1934年第56期。

教学与学术研究的基本单位，讲座发挥了学术研究、教学、社会服务等诸多功能。在讲座制度建立初期，在讲座内容、师资配置和经费投入方面都不尽完善。有的讲座在教师配备方面除教授外，其他人员为并不具备教学与学术研究资格的雇员，有的讲座没有教授，教学与学术研究活动质量不能得到保证。随着大学数量的增加和类型的多样化，大学的教学和学术研究职能得到了加强，讲座体系得到了拓展。1926年，文部省对大学讲课制度进行了改革和规范，规定每堂课必须配备一名教授和一名副教授。根据讲座性质，实验讲座必须配备两名助教，非实验讲座必须配备一名助教，临床讲座必须配备三名助教，讲师非必设，必要时由校长聘用。为此，日本讲座制强化了教师的职务等级，而讲座制的实施也为教师的晋升提供了教学评价方面的依据。

作为东亚邻国的日本，其教师制度改革的措施与成效备受民国学者的关注，有学者曾洞察比较中、日大学教师聘任晋升之差异："第一，中国的大学教授，从来都是一年一聘的雇佣性质，赁银劳动，显出日本大学教授是高等文官，而且是终身官，更能因其历史和劳绩叙升，由七等以至一等；第二，中国大学教授的资格，完全着重虚伪的'留洋'招牌，很少着重实际的研究成绩，因而只要一有外国归来，立即可以充任大学讲师，副教授乃至教授，根本上不提倡乃至蔑视本国或本校孕育的人材。日本大学教授的资格，因为是终身官的缘故，所以很不容易取得，通常都是由本校毕业后，再在本校作数年的助手（即助教），有了特殊成绩，始升助教授，再出国留学归来，等得教授退休的机会，然后升正式教授；第三，中国大学教授的聘任，完全是基于人情主义，即必须与教育当局或学校当局有特殊的'私的关系'，然后有充任的可能，否则只有抱学深山，和上述日本的成绩主义、学业主义，根本不同。"[①] 大学以教授国家需要之学术与研究其蕴奥为目的，故其组织，因国而异。然大别之，约有三种：英国型大学，为有

---

① 知力：《日本大学的"教授""学生"与中国大学的"教授""学生"》，《中国学生（上海1935）》1935年第1卷第11期。

自治权之独立团体，其所教者，侧重于一般的修养，以绅士的养成为宗旨。德国型大学，有一定限度的自治权，且取四分科（法医神哲）之总合制，不偏于教授或研究某一方面，而具有最高教育所及最高学术研究所的本色。美日之大学，汲取西欧先进经验以变革原有体制，大学教师随大学功能的变化而逐步专业化，等级亦逐渐分明。受西学东渐的影响，晚清的教育改革也拉开了中国教育从传统向现代转变的序幕。

第二节 晚清大学堂教师晋升制度的实践探索

鸦片战争之后，中国高等教育开启了由传统向现代嬗变的历程。伴随着西方坚船利炮的武力入侵和文化渗透，清政府的自救与图强活动此起彼伏，现代意义上的大学和大学制度也萌芽于清末特殊的历史背景下。在与西方被动的碰撞中屡遭惨败的清政府，为救亡图存创办了一批新式学堂，其信奉"师夷长技以制夷"的总体思想，践行"中体西用"教育方针，移植与借鉴西学之法兴智学，同时深受本土文化传统的影响，在实践中形成了独具特色的办学模式。伴随着新式教育的兴起，教师晋升制度也于"西学东渐"的大势中萌芽。

一 "中体西用"理念下洋务学堂的实践

正如英国学者汤因比所言：新形成的文化观念的"再生的美好之处不仅体现在它是先前分裂的痛苦的补偿，而且也是分裂的结果。不仅是分裂的正常结果，而且也是分裂的美好幸福的结果"[1]。当国家或民族文明在历史上分裂时，分裂的痛苦无法抹去民族顽强的毅力、创造的勇气和永不言败的精神。这些品质具有超越传统文化和时代局限的特点，为文明的再生提供了可能。于当时的时代背景而言，以多种

---

[1] ［美］阿诺德·汤因比：《汤因比历史哲学》，刘远航编译，九州出版社2010年版，第30页。

方式培养社会所需要的实用人才是一项紧迫而又繁重的任务。彼时，工商业领域中实用人才所发挥的作用以及产生的效用增强了各行各业培养实用人才的意识和决心。

我国现代大学的教师晋升制度是近代伊始西学东渐的产物，最早可上溯至近代教育的开端——洋务学堂。学堂中的教师统称为教习，而教习的来源有二：一部分乃外国公使人员推荐或从国外重金招聘；另一部分则从国内学堂培养的学生中择优录用。洋务学堂设有总教习与分教习。以京师同文馆为例，该馆照俄罗斯文馆旧例办理，教习分为总教习、教习、助教和副教习。同文馆于初设时对教习的遴选格外慎重，任教之人须接受过正规的教育，拥有教师资格且具备较高的学识修养，由总理衙门总揽挑选与委任之责。据《同文馆题名录》载：同治元年至光绪二十四年（1862—1898），馆内历任汉文教习29人，英文教习14人，法文教习12人，俄文教习10人，德文教习6人，化学教习2人，天文教习3人，算学教习3人，格致教习2人，医学教习4人，东学教习1人。[①] 汉教习由署职、考呈等考察方式于八旗子弟学堂候补者中遴选。因此，同文馆的汉文教习已具有政府承认的教习资格，且于礼部注册备案，即获国家最高教育机关的确认，授予其相应封号，此为教师职称的雏形。首任算学教习李善兰更是当时国内科学界首屈一指的著名学者。馆内洋人教习的总体素质较为优良，其中，丁韪良、德贞等8人具有博士学位，另有欧理斐、骆三畏等具有硕士学位。1872年，德贞入馆，被称赞为"精于医"的英国医学教习，曾获得了格拉斯哥大学的外科硕士学位；英文教习马士曾毕业于哈佛大学；学堂总教习丁韪良更备受赞誉，有学贯古今之才能，深受中西教习之敬仰。

同文馆中的副教习多由品学兼优的在读学生担任，待其通过考试之后，大多留于馆内担任教习工作。例如：著名的算学大家席淦，在

[①] 《同文馆题名录》中关于历任汉洋教习的记载，高时良编：《中国近代教育史资料汇编 洋务运动时期教育》，上海教育出版社1992年版，第65—69页。

同文馆就读时任算学副教习，1895年毕业后留馆并升任教习，任教近三十载，成为继李善兰之后最有名的算学教习。"其中最认真的，就是汉文算学，教习为席汉伯，乃李善兰得意的门生，教法也很好，家兄补六两银子的膏火，就是因为算学学得深。"① 此外，算学大家王季同在同文馆就读时由于才智过人兼任副教习，由1895年毕业后升为教习。1902年，其介绍西方数学理论的著作《九容公式》《泛倍数衍》等文陆续发表，为近代中国数学学科理论的发展奠定了基础。

此时的教习升级深受"官师合一"思想的影响，教习的升级往往与官员品衔的晋升密不可分。对洋教习的激励机制中也含有精神激励的成分，如"拟请赏给虚衔"②。创办于1866年的福建船政学堂是近代中国第一所海军学堂，也是近代中国航海教育的发源地。学堂设立之初便制定了教师聘任与管理制度以确保日常教学的有序开展。学堂中造船、轮机、驾驶等专业聘请了十余名洋教习与国学功底扎实的汉学老师，并增设了《孝经》《圣谕广训》等中国传统文化课程。除此之外，学堂的预备课程由助教讲授。学堂对于教师教学内容进行了明确规定，通过对教习的授课时数、讲授内容和复杂程度加以区分，建立了相应的评价标准及奖惩制度。第一种属奖衔奖励，当授予业绩出色者。清政府奖赏外国教员的程序大致为，当课业告竣之际，由学堂负责人即总办组织人员对教习的品行与业绩进行集中考核，择尤为出众者定其奖项与等第察请奏奖；随后，上呈至有专折奏事之权的职官对相应教习进行复核，其着重核查有无徇私舞弊的现象，无误后上呈奏准；倘若圣裁允准，即予颁赏，并在总署或外务部备案。值得注意的是，伴随着学部、农工商部等机关的设立，外国教员的封赏权力逐渐下移各部，由督抚奏奖的人员相应缩减，奖衔的授予程序也更加公平规范。上奏的各部设衙门职员对提请奖案都需进行二次核查，提议维持或改变原奏奖赏的决定，最终奏请皇帝裁定。

---

① 齐如山：《齐如山回忆录》，辽宁教育出版社2005年版，第41页。
② 奕劻等：《请赏给洋教习虚衔折（节录）》，高时良编：《中国近代教育史料汇编——洋务运动时期教育》，上海教育出版社1992年版，第61页。

第二种嘉奖形式"宝星"源自英国政府，以奖赏国中有突出贡献者。1881年12月，《奖给洋员宝星章程》的颁布确立了宝星奖励制度。例如：1885年3月17日保奖学堂制造驾驶管轮洋教习片，查船政前后学堂制造驾驶管轮三项之总教习向系延订洋员在堂授课，其在工供差限满者有劳绩者应行奏请。此外，清政府授予外国职官宝星等级序列如表1-2所示。

表1-2　　　　　清政府授予外国职官宝星等级序列①

等第	宝星级别	颁赏对象
头等	一级	各国之君
	二级	各国世子、亲王、宗亲国戚等
	三级	各国世爵、大臣、总理各部大臣、头等公使等
二等	一级	各国二等公使等
	二级	各国三等公使、署理公使、总税务司等
	三级	各国头等参赞、武职大员、总领事、总教习等
三等	一级	各国二、三等参赞、领事官、正使随员、水师头等管驾官、陆路副将、教习等
	二级	各国副领事官．水师二等管驾官、陆路参将等
	三级	各国翻译官、游击，都司等
四等	一级	各国兵弁等
五等	一级	各国工商人等

第三种品级顶戴的嘉奖级别要高于宝星奖励，且清政府对其有更为严格的规定。品级顶戴乃清廷用以评定官员等级的标志，后逐渐也用于嘉奖功劳突出的洋人教习。在授予对象上，品级顶戴的授予对象与宝星奖励相异，前者必须是受中国政府的聘用在华工作且有杰出贡献的洋员、来华传教士等，后者一般授予对华有贡献的洋人。在授予方式上，不同于宝星奖赏，品级顶戴按照已经录入在案的奖励和功劳

---

① 向中银：《晚清外聘人才的奖赏制度》，《近代史研究》1996年第5期。

的大小进行综合评定。对于已有顶戴的洋员,若其再对华做出杰出贡献,清廷若欲再加封赏,可据其具体劳绩逐级或破格晋升。例如:驾驶教习邓罗由于"教导尚属认真,学生著有功率……赏五品顶戴并二等宝星"①。

严格说来,最早建立的洋务学堂可视为中国近代高等专门学校的雏形,但也仅为中国近代新教育的萌芽,该时期设立的学堂还不属于真正的高等学校。但学堂中"亦官亦师"的教习晋升等举措,为后续教习晋级规则的衍生奠定了基础。

二 "西学体用"指导下北洋大学堂的实践

1895年,由盛宣怀创办的北洋大学堂正式招生,此乃中国近代史上首所新式大学。北洋大学堂开设之初名为天津北洋西学学堂。面对着沉重的民族危机,盛宣怀意识到洋务派的"中体西用"无法缔造救国的人才,故其秉承着"西学体用"的指导思想,于天津文书院旧址创建此新式学堂。

彼时,由盛宣怀起草的《拟设天津中西学堂章程》乃北洋大学创办之初的办学章程,该章程包括《头等学堂章程》与《二等学堂章程》,要义涵盖学堂学制、学科设置、培养办法、功课多寡、师资管理等。学堂创办时,拟设督办一名,总办一人总理全校事务,总教习一人,头等学堂、二等学堂各一人。于教习管理,"所有学堂事务,任大责重,必须遴选深通西学、体用兼备之员总理,方不致有名无实。头等学堂拟请宪台札委二品衔候选道伍廷芳总理,二等学堂拟请札委同知衔候补知县蔡绍基总理,并拟订请美国人丁家立为总教习"②。学堂教习分为总教习与分教习。总教习全面负责学堂教学事务,分教习专门负责某门课程的教授。对于总教习之人选,大学堂成立之初即聘

---

① 裴荫森:《驾驶洋教习邓罗援案请奖片》,高时良编:《中国近代教育史资料汇编——洋务运动时期的教育》,上海教育出版社1992年版,第327页。
② 盛宣怀:《拟设天津中西学堂章程》,璩鑫圭、董富勇编:《中国近代教育史资料汇编——教育思想》,上海教育出版社2007年版,第127—128页。

请丁家立任总教习，丁氏乃出身西学，学贯中西，早年就读于达特茅斯学院，后入欧柏林神学院，1882年来华致力于教育事业。其职责大抵包括：考核与选延教习、学堂功课考勤、决议学生去取、学堂入场开支等。丁氏任总教习达十一年之久，期间对学堂的发展做出了杰出贡献。在丁家立的参与下，学堂制定了以上教习任用规则。

天津西学学堂创办第二年即更名为北洋大学堂。大学堂以"西体西用"为旨趣，仿欧美学制，创建了"头等二等学堂各一所"①。1900年，学堂受庚子之役影响停办，1903年复开。北洋大学堂筹设之初，对延聘教习十分慎重。丁氏谨遵"西学体用"的基本原则，聘请了一批术业专攻的教师，力图提高师资水平。"头等学堂，以四年为一任。是以总分教习，均订四年合同。任满去留，再行酌定。"②"分科教授教习各有专责而受成于总教习……西学教员受成于总教习，总办有随时稽查之权。"③丁氏适时拟定了学堂的教习管理制度，规定教习授课当循循善诱，使学生领悟，不得厌烦。教习到堂时刻，由监学官记注，定期汇呈总教习查核。教员如未经告假，随时旷课者，或有意紊乱规则，或确系不能胜任者，由总办总教习据实查明辞退。丁氏所立之规虽未明确提及教习的晋升，但却从侧面规范了教习工作的成效与进退标准。

一方面，通常来说，北洋大学堂自创办伊始得以晋升的洋教习都具备较高的学历，以确保学堂师资之优良。譬如："汉文教习吴稚晖，江苏武进人，1864年生，光绪举人。1892年求学于江阴南菁书院，1897年首至北洋大学堂任汉文教习。化学教习美籍学者福拉尔博士，曾就学于瑞士，与爱因斯坦过往甚密，对爱因斯坦的相对论深有研究，在任教一年级化学课时，特于课余选定几个小时，专门讲解相对论原

---

① 盛宣怀：《拟设天津中西学堂章程禀》，璩鑫圭、童富勇编：《中国近代教育史资料汇编——教育思想》，上海教育出版社1997年版，第119页。

② 《头等学堂章程》，夏东元编著：《盛宣怀年谱长编（上册）》，上海交通大学出版社2004年版，第492页。

③ 《天津大学堂新订各规则》，北洋大学—天津大学校史编辑室编：《北洋大学—天津大学校史资料》（选编一），天津大学出版社1991年版，第23页。

理，使学生的科学思想领域顿然改观。"① 另一方面，所晋教习大多具有真才实学。在教习晋级上，对于任教教习严加考核，择学行优长者。当中有品行不端者、业绩懈怠者一律辞退。

甲午炮声振聋发聩，北洋大学堂肩负兴学强国的使命而创建，它坚持"参用西制，兴学树人"，突破了"师夷之长技以制夷"的器物层面的变革，将认识提升到了国家富强必须进行教育变革的新高度。

三 "官师合一"体制下京师大学堂的实践

1898年，中国第一所由中央政府开办的综合性大学、全国最高学府、国家最高教育行政机关——京师大学堂，在戊戌变法的呐喊声中诞生了。梁启超在反思大学制度建立要义时强调了教师的地位，"学生之成就与否，全视教习。教习得人，则纲目毕举；教习不得人，则徒縻巨帑，必无成效"②。故而，梁启超在执笔起草的《奏拟京师大学堂章程》对学堂教习任用的标准有所提及："宜取其品学兼优通晓中外者，不论官阶，不论年齿，务以得人为主。"③ 作为大学堂的最高负责人，管学大臣乃全堂的师表，谨录姓名爵里冠诸简首，以申景仰，总教习是具有综合性的领导职务，其总览各分教习的选拔与录用，并下设汉人、洋人分教习，负责具体教学事务的日常教授。其中，《京师大学堂教习执事题名录》中记载了彼时学堂教习的职级与简要经历（表1-3）。

---

① 北洋大学—天津大学校史编辑室编：《北洋大学—天津大学校史》（第一卷），天津大学出版社1990年版，第34—35页。

② 《总理衙门筹议京师大学堂章程》，周远清主编：《20世纪的中国高等教育——教学卷》（下册），高等教育出版社2006年版，第9页。

③ 《总理衙门筹议京师大学堂章程》，周远清主编：《20世纪的中国高等教育——教学卷》（下册），高等教育出版社2006年版，第9页。

表 1-3　　　　　　　　　京师大学堂教习执事题名录①

教习职级	姓名	籍贯	学衔	官职
管学大臣	张百熙	湖南长沙府长沙县	甲戌进士	吏部尚书、政务处大臣
会同管学大臣	荣庆	蒙古正黄旗	癸未进士	户部尚书、军机大臣
总教习	吴汝纶	安徽安庆府桐城县	乙丑进士	前冀州直隶州知州
副总教习	张鹤龄	江苏常州府阳湖县	壬辰进士	湖南补用道、前翰林院庶吉士、户部主事
	蒋式瑆	直隶遵化州玉田县	壬辰进士	广东道监察御史、前翰林院编修
正教习	岩谷孙藏	日本	法学博士	
	服部宇之吉	日本	文学博士	
副教习	杉荣三郎	日本	法学士	
	太田达人	日本	理学士	
汉文分教习	杨道霖	江苏常州府无锡县	壬辰进士	户部主事
	王舟瑶	浙江台州府黄台县	己丑举人	内阁中书衔、候选知县
	屠寄	江苏常州府武进县	壬辰进士	工部主事、前翰林院庶吉士
	杨模	江苏常州府无锡县	甲午举人	
算学分教习	胡玉麟	江苏松江府青浦县		刑部云南司郎中
体操分教习	刘光谦	江苏通州	湖北自强学堂毕业生	
图画分教习	高桥勇			
英文分教习	巴考斯			
法文分教习	柏良材			

---

① 《京师大学堂教习执事题名录》，潘懋元、刘海峰编：《中国近代教育史资料汇编——高等教育》，上海世纪出版股份有限公司 2007 年版，第 16—18 页。

续表

教习职级	姓名	籍贯	学衔	官职
俄文分教习	伊风阁			
德文分教习	孔拉德		法学博士	
东文分教习	胡宗瀛	安徽徽州府休宁县	日本农学专门学校毕业生	
	陆宗舆	浙江杭州海宁县	日本早稻田大学生	
	吕烈辉	安徽宁国府泾县		前湖北自强学堂助教
	范源濂	湖南长沙府湘阴县	日本高等师范学校毕业生	
	章宗祥	浙江湖州府乌程县	日本法科大学毕业生	
英文助教	李应泌	江苏松江府上海县		
	柏锐	广东驻防满洲镶白旗		礼部主事
法文助教	庄恩祥	广东广州府番禺县		
俄文助教	周宝臣		湖北自强学堂毕业生	
德文助教	汪昭晟	山东泰安府		同知直隶州用候补知县，前武清县杨村县丞

1902年，张百熙接任管学大臣，受命重启京师大学堂的办学工作。在同年制定的《钦定京师大学堂章程》中，教习被划分为总教习、副总教习、教习与副教习四级序列。继《钦定京师大学堂章程》后，1903年，清政府又相继颁布《奏定大学堂章程》和《奏定任用教员章程》，对大学堂教习职务与职责进行了细化。

作为总理衙门所设的机构，大学堂为教习建立了一套等级森严的官员制度。大学设总监督一职，负责统率学堂事务；总监督之下设分科大学监督,协调掌理学堂的教务、庶务、斋物等事宜。凡本科中应予兴革之事,均需要采纳本科人员意见,陈明总监督办理。分科监督对于教务员兴革既有陈明总荐,大学总监督的核定,而呈经管学大臣备案。正教习为各分科设立的专门讲席,负责指导研究,教授学艺。副教习则辅助正教习教授学生,亦指导实验。

在教习晋升方面,《奏拟京师大学堂章程》中专门对受聘教习或职员的晋升事宜进行了规定:"今拟自京师大学堂分教习及各省学堂总教习,其实心教授著有成效确有凭证者,皆三年一保举。原系生监者,赏给举人。原系举人者,赏给进士,引见授职。原系有职人员者,从异常劳绩保举之例以为尽心善诱者劝。"[1] 章程根据教职员的职别、国别、所教科目等对其薪俸进行了分等,如总教习三百两,专门学分教习(西学)三百两,西文分教习五十两等。1900 年 5 月,八国联军侵入北京后大学堂被迫停办。而其教员之功,劳绩保举的精神在《奏定大学堂章程》之后很好地融入教习晋升实践中。

值得注意的是,《钦定京师大学堂章程》中增加了关于对教员"考成"的规定:"自副总教习以下,教课勤惰,均由正总教习按照章程严密稽查,年终出具考语,报明管学大臣查核;自总教习以下,皆受考成于管学大臣。"[2] 然而,目前所得的史料尚无法证实前述的考核评语是否对教员晋升产生决定性的影响,但《钦定京师大学堂章程》中指出:"各教习如有教课不勤,及任意紊乱课程上之规约等事,无论中外教习、年满与否,管学大臣均有辞退之权。"[3] 相较于《奏拟京师大学堂章程》,《钦定京师大学堂章程》还考虑到了教员的晋升评价与退出机制。

如前所述,清末大学教员的等级划分虽已有建树,但教员等级的

---

[1] 《总理衙门筹议京师大学堂章程》,朱有瓛主编:《中国近代学制史料 第 1 辑(下)》,华东师范大学出版社 1986 年版,第 660 页。

[2] 《钦定京师大学堂章程》,璩鑫圭、唐良炎编:《中国近代教育史资料汇编——学制演变》,上海教育出版社 1991 年版,第 250 页。

[3] 《钦定京师大学堂章程》,璩鑫圭、唐良炎编:《中国近代教育史资料汇编——学制演变》,上海教育出版社 1991 年版,第 249 页。

划分及其升迁制度，不可避免地带有等级森严的官僚科层色彩。清末各种学校的教习，据《奏定学堂章程》所定，均应列为职官，虽名为教员，受本学堂监督堂张统辖节制，以时考核期功遇而进退之。对业绩出众的教习授以宝星与官职以示嘉奖，侧面反映出中国古代"官师合一"的文化影响依然。正如学者陈东原所述："各种学堂之教员，既均列作职官……大学堂应设人员，共十九项，其以官称者即有十二项。清末视教员为职官，实为当时的特点，后来人无法想象的。"[①] 概言之，晚清还未形成真正的群体性的教师学术职业，但伴随着旧制度的解体与知识转型的深入，教师由往昔的"官师"逐渐转化为承载着学术创新与知识传授理想的"教育者"，而他们的选聘与晋升标准的变化也成为历史的必然。

[①] 陈东原：《论我国大学教员之资格标准与聘任制度》，《高等教育季刊》1941年第1期。

第二章

大学教师晋升制度的历史演变

　　民国肇始,新政权的建立激起了社会政治、经济、文化领域的变革之风,北洋政府也应形势之变对高等教育事业展开了除旧布新的工作,以期为资产阶级教育的初兴奠定基础。在此阶段,伴随着大学建制的需要,大学教师晋升制度应运而生并经历了萌芽—确立—发展—深化的演变历程。随着北洋政府的建立,教育部出台了与大学教员晋升相关的纲领性宏观法令以规范教员等级,但由于时局动荡,师资匮乏,各大学实行了"以聘代升"的晋级模式。1927年,南京国民政府的成立,行政力量逐渐对大学进行渗透与干预,教育部加强了对大学教师晋升的管理。抗日战争开始后,南京国民政府细化了教员晋升规则,设立了教育部学术审议委员会,使大学教授资格的检定与晋升逐步走向程序化、制度化发展的轨道,也促使大学教师的专业化程度有所提升。

第一节　大学教员晋升制度的萌芽（1912—1916）

一　革故鼎新的教育变革

　　在传统社会向现代转型的进程中,教育无疑发挥着强有力的杠杆作用。对于刚成立的临时政府而言,可谓既无统一之机关,又无对待之主体,因而文化建设之事极其重要,革新封建教育成为社会改良的当务之急与重中之重。1912年,孙中山于北京教育界欢迎会上道:

"盖学问为立国根本，东西各国之文明，皆由学问购来。"① 他寄期望于教育界"于学问一途，尚当改良宗旨，着眼于文明，使中国学问与欧美并驾"②。与此同时，教育界也表达了对于确立适合国情的教育宗旨的迫切心情。诸如庄俞在《论教育方针》中提出："专制时代有教育乎？有之，无宗旨，无秩序，无实际，故行之数十年，无成效之可言也。军兴时代有教育乎？有之，无经济，无统辖，无人材，故或则创议建设或则合力维持，仍无成效之可言也。今日者政体幸改共和矣，大局幸获统一矣，建设之事千端万绪正未易言，而教育一项实为立国之命脉，强国之枢机，尤宜亟亟研究者也。"③ 何振武也在《敬告民国办学诸君》一文中呼吁："古代教育用个人主义，近世教育用国民主义……幸而天佑吾族民国涌现击自由之鼓，扬'五色'之旗，保天赋之人，权脱奴隶之困厄，政治既放光明，教育尤宜改革……诸君苟能尽力教育养成完全共和国民，俾他日国基巩固，国势发展则诸君之功决不在革命健儿之下也。"④ 1912 年，北洋政府教育部明确了注重道德教育，以实利教育、军国民教育辅之，更以美感教育完成其道德的国家教育宗旨。在此之后，教育部颁布一系列法令和规程，重新修订了学制（"壬子癸丑学制"），为新式学校系统建设提供了"蓝图"。该学制的框架基本沿袭清末学制（"癸卯学制"）以日为师的经验，但于具体细节上也存有兴革，例如，取消大学毕业以"科第"奖励的办法等。新的政体也为现代大学制度的发轫以及教员晋升制度的萌芽提供了条件。

二 现代大学制度的发轫

为了改革原有学制，促进民国教育事业的发展，1912 年，北洋政

---

① 孙中山：《我国教育家之任务》，舒新城编：《中国近代教育史资料》（下册），人民教育出版社 1981 年版，第 1005 页。
② 孙中山：《我国教育家之任务》，舒新城编：《中国近代教育史资料》（下册），人民教育出版社 1981 年版，第 1005 页。
③ 庄俞：《论教育方针》，《教育杂志》1912 年第 4 卷第 1 期。
④ 何振武：《敬告民国办学诸君》，《中华教育界》1912 年第 1 卷第 1 期。

府教育部颁布民国首个高等教育纲领性法案——《大学令》。《大学令》的内容涵盖大学宗旨、社会定位、大学类型、机构设置、教师聘用、教学研究、学位管理等方面。深受德国大学自治、学术本位等理念的熏陶，蔡氏所制定的《大学令》的第一条便旗帜鲜明地提出："大学以教授高深学术，养成硕学闳材，应国家需要为宗旨。"① 此纲领与先前晚清学堂所奉行的以"忠孝为本"中体西用的理念有所兴革，因其明确指出大学教员以研究"高深学问"，其由学术而生、为学术而存在。之于学校内部的管理制度，《大学令》也作出相应规定。例如："大学设校长一人，总辖大学全部事务，各科设学长一人，主持一科事务"②；大学设评议会，职责为审议大学内部规则、学科设置与废止、学位授予以及辅助教育总长与校长咨询事件。评议会的构成"以各科学长及各科教授互选若干人为会员；大学校长可随时召集评议会，自为议长。"③ 为了体现教授治校、大学自治的精神，大学还以教授为会员，各系各科分设教授会，该组织主要负责制定分科课程、学位授予、授课分配、大学院学生录用等相关事宜。

　　校内机构移植了西方大学的组织形式，顺应了专业化的高等教育发展趋势，学校各科的课程、考核等内部事务均由教授商议后执行，这标志着现代学科意识的萌芽。随后颁行的《教育部公布大学规程》则规定了具体的分科方案，传统的经学、理学、诸子学等内容于学科规范中被重新整合，此举有助于将人文知识从传统纲常名教中剥离出来。这也使传统教习的身份不再与传统官学中等级分明的职务体系相挂钩，为现代大学教师职称体系的建构奠定了基础。可见与晚清的"壬寅—癸卯学制"相比，民国《大学令》和《大学规程》无论于宏观的教育宗旨、学校管理、学科建制等方面，抑或是于微观的教员管理等方面都展现出传统教育转向现代教育的特质。

---

① 《法令：大学令》，《中华教育界》1913 年第 2 期。
② 《法令：大学令》，《中华教育界》1913 年第 2 期。
③ 《法令：大学令》，《中华教育界》1913 年第 2 期。

三　大学教员的等级设置

民国教育部成立后即称："民国既立，清政府之学制，有必须改革者"①，而在大学中晚清官僚的风气并未完全移除。在上一章节，笔者论述了晚清时期教习等级制的形成与晋级"门槛"。时至民初，受封建社会长久以来学而优则仕风气的影响，"学问乃升堂入室之捷途"的观念依旧深入人心，大学建制虽形式上仿效日本，但实质上仍陷于"官员养成之所"，学子求学多半为谋求官位，教员也大都源自官僚系统。彼时学风日下，大学中博学鸿儒的教员不受学生爱戴，而并无真才实学的为官者却深受学生追捧。

对此，胡仁源曾痛心道："我国创立大学，垂十年余，前后教员无虑百数，而其能以专门学业表见于天下者，殆无人焉，不可谓非国家之耻矣。"② 蔡元培也于《中国公学开学式演说（一九一二年九月三日）》中就学风问题感叹道："现在民国成立，全国学风应以建设为目的，故学子须以求高深学问为惟一之怀想。"③ 其对彼时大学校园中弥漫着的官僚气息深恶痛绝："对于大学之计划，大学生向来最大之误解，即系错认大学为科举进阶之变象……教授亦如此，盖大学教授一面教人，一面自家研究也。"④ 为破除封建官僚主义的窠臼，民元《大学令》之于大学教员之名称职责，计四点改良："（一）大学设教授、助教授；（二）大学遇必要时得延聘讲师；（三）大学各科设讲座由教授担任之；（四）教授不足时得使助教授或讲师担任讲座。"⑤ 而大学之专任教员，只有教授、助教授两种，助教尚不见于法令。在教员等

---

① 《法令：中华民国教育部普通教育暂行办法通令》，《教育杂志》1912年第3卷第10期。
② 胡仁源：《北京大学计划书（1914年）》，王学珍、张万仓：《北京高等教育文献资料选编（1861—1948）》，首都师范大学出版社2004年版，第342页。
③ 蔡元培：《在中国公学开学式演说（一九一二年九月三日）》，高平叔编：《蔡元培教育论著选》，人民教育出版社2011年版，第23页。
④ 蔡元培：《对大公报记者谈话（1917年2月5日）》，中国蔡元培研究会编：《蔡元培全集（1917—1919）》（第3卷），浙江教育出版社1997年版，第36页。
⑤ 《法令：大学令》，《中华教育界》1913年第2期。

级划分上，共设教授、助教授及讲师三级。而就教员的晋升而言，《大学令》与之前的《京师大学堂章程》一样，并未过多提及，甚至于1914年公布的关于大学教员薪酬的规定中，也并未严格区分各等级教员的薪俸差异。

《大学令》颁布之后，中国高等教育迎来了现代学制的初创阶段。但由于政治动荡与战乱等问题，教育经费匮乏。然而，中央直辖教育经费锐减直接影响各国立大学的办学规模与师资力量。各大学面临师资短缺的困扰，故而在教员晋升的问题上不得不有所妥协，采取更为宽松的教员升等政策，以保障教师队伍的稳定性。从实施情况来看，该阶段北洋政府涉及教员升等的政策性规范只是大学在教员晋升时参考的基础性文本。各大学并没有机械地执行部令文件，而是在此框架内结合校情因地制宜，尤其是在校长主掌教员的聘用、解聘和晋升等大权之后，教员的晋升与评价都被赋予了新的内容。例如，1918年，蔡元培主持制定了规范北大发展诸事宜的法规——《国立北京大学规程》，这是民国时期最早制定的大学规程。其中记载着蔡元培选拔与评价教师的准则："对于教员，以学诣为主。"[①] 其时，教员均由校长聘任之，正教授、教授以一年为试用期。清华大学的教员等级划分为正教授、教授、副教授、教员四等，各职称评聘资格十分注重"学术研究"与"教学经验"，其中，正教授应为学术家，在研究院研究高深学术或作有名著，亦有著名大学讲授之经验及其品学堪为师资者。

第二节　大学教员晋升制度的确立（1917—1926）

一　教育部"四等六级"晋级法案的颁布

1917年，《修正大学令》的颁布从国家层面对大学教员晋升的资格进行了规定。在职级序列上，在教授之上增设了正教授一级，大学

---

① 蔡元培：《通信：（一）蔡校长致公言报函并附答林琴南君函：公言报记者足下：读本月十八日……》，《北京大学日刊》1919年第338期。

教员为正教授、教授、助教授、讲师四等,然而,两部大学令虽划分了教员等级却未对教员升等问题进一步言明。同年,教育部颁布了《国立大学职员任用及薪俸规程》,此规程体现了教育部门试图在每一层级的教员内部再度划分等级的意图,其中,正教授到助教的等级及薪俸如表 2-1 所示。

表 2-1　　　　1917 年度大学教员等级及薪俸一览①　　　(单位:元)

等级 \ 职务名称	正教授	教授（本科）	教授（预科）	助教
一级	400	280	240	120
二级	380	260	220	100
三级	360	240	200	80
四级	340	220	180	70
五级	320	200	160	60
六级	300	180	140	50

该规程规定:"正教授、教授、讲师……均由校长聘任之,并呈报教育总长……助教事务员均由校长延用之,并汇报教育总长。"② 至 1924 年其制又变,据《国立大学校条例》精神,"大学校设正教授、教授,由校长延聘之。"③ 在教员等级差异的基础之上,《国立大学职员任用及薪俸规程》涉及以下教员晋级规则:其一,校长学长非连续任职二年不能晋一级;其二,正教授、教授、助教非连续任职一年,不能晋一级;其三,晋级需考量以下因素,每年实授课时间之多寡、

---

① 《国立大学职员任用及薪俸规程(部令第三十号,六年五月三日)(附表)》,《教育公报》1917 年第 4 卷第 8 期。

② 《国立大学职员任用及薪俸规程(部令第三十号,六年五月三日)(附表)》,《教育公报》1917 年第 4 卷第 8 期。

③ 《国立大学校条例》,《教育公报》1924 年第 11 卷第 3 期。

所担任学科之性质、教授成绩、著述及发明、在社会声望。① 在"年功晋级"方面,校长、学长任职两年可晋一级,其余人员任满一年方可晋一级;教员则以任课成绩、研究成果及社会声望参考之。上述条款划定了晋级的基本年限、条件以及最终裁定权,这既明确了晋升的最低年限,又言明了必备条件。其中含有将教学与研究成果视为晋升标准的意味。条款确定了教师聘任与晋升大权均由校长统揽,这也代表教员晋升的权责业已下放至学校,而非由教育部垄断。

需注意的是,由于讲师并不是指低于教授和副教授职称的教师,而是指兼职教师,因此其地位并不低于教授,只是不列入大学教员的等级。此外,有文献间接证实教学成绩对教员的晋升存有潜在影响。如《教育部直辖专门以上学校职员任务暂行规程》中规定:"校长承教育总长之命掌理校务统率所属职员,校长于每年开始三个月以前应将一年度之教授管理及其他事项详具校务计划书详报教育总长;校长于每学年开始后三个月以内应将前年度之经过状况详具校务实况报告书详报教育总长;学长或教务主任承校长之命掌理分科或主管之教务;学长或学务主任除担任教课外应审查教员之成绩具报校长。"②

二 各大学"以聘代升"模式的早期探索

民国初期,大学教师一般都同时在几所学校任教,因而影响了教学质量。为使教学能得到保障,南京国民政府教育部规定了聘任教师的办法。教师为专任,一般不得在校外兼课或兼职,有特殊原因兼课者,每周不得超过4小时,且所兼课程应与所任课程性质相同,兼课费由原校方领承支配。助教不许讲课,只能批改作业、答疑或带学生实习。教授、副教授、讲师授课时间每周9—12小时,不满9小时者按兼任待遇。彼时,许多教授开设数门课程,又兼指导学生实验,课

---

① 《国立大学职员任用及薪俸规程(部令第三十号,六年五月三日)(附表)》,《教育公报》1917 年第 4 卷第 8 期。
② 《本部直辖专门以上学校职员任务暂行规程(部饬第五十九号,三年七月六日)》,《教育公报》1914 年第 2 期。

后还要承担研究工作，任务比较繁重。尽管同时在几个学校兼课的现象仍然存在，但教师聘任制在促使教师不断提高业务水平，保证教学质量方面，起到了积极作用。

1917年，按照《国立大学职员任用及薪俸规程》精神，晋级限于薪俸的提升，教员的等级不会以此得到升迁，即教员不能由教授直接改任正教授。依据北京大学的档案记载，民国前期，正教授与教授的授予基本采取直接聘任的方式。除此之外，当时的大学教员实行聘任制，试聘1年，续聘1年，以后每2年续聘一次。届时聘期已满，若双方有意续约则继续签订长期聘约，而教员的晋升多也采用改发聘书的方式。例如，北京大学实行的《教员延聘施行细则》中明确指出："讲师调任教授，教授调任讲师均另送聘书。"[①] 五四运动前后，北大教员等级乃教授、讲师、助教三等，其中助教不担任教学任务，仅担任预定学科的教学助理；教授乃全职授课，收取月俸，而讲师则为兼职，按课时给予薪俸。例如：民国六年，周作人曾担任北大国史编纂处编辑，"月薪120银圆；后来担任文科教授，月薪起点240银圆，还有兼职收入"[②]。1921年11月，"北京大学研究所国学门"正式成立。其中设"研究教授"一职，由卓有声望的学者任，此"研究教授"大致与部令之"正教授"水平相当。

无独有偶，1922年，清华学校专门主任庄泽宣在撰文设计的一项大学教员的聘任规则之中也描述了对于教员晋升的看法。他考察了中外教员的等级与待遇情况："查本校教员任用规则。凡外国男教员之年薪至少三千元，至多六千元。外国女教员至少二千四百元，至多四千元。最初来校时照至少额起支。但如有下列资格者可加薪。（甲）在欧美大学得博士者加四百元；（乙）在外国著名大学专任科学讲师之经验者，每经验一足年，加四百元但以二年为限。在校服务每满三年加薪一次，每次至多六百元……外国大学教授皆分等曰：正教授

---

① 国立北京大学：《本校布告一，评议会通告：附教员延聘施行细则》，《北京大学日刊》1918年第150期。

② 陈明远：《鲁迅时代何以为生》，陕西人民出版社2013年版，第138页。

(professor），曰副教授（Associate Professor），曰助教授（Assistant Professor），曰讲师（Lecture），曰教习（Instructor），曰助手（Assistant），此外更有交换教授（Exchange Professor）系聘请他校教授来演讲若干时期。其分等之标准以研究或发明（Research Work）学位，教法及年限定之。"① 庄氏认为应改革学校教员职务体系，在教员等级方面："以清华今日情形观之，大一约可比之外国大学二年级（清华毕业生大半插三年级），高三约可比之外国大学一年级，故非俟大学完全成立时，不应有若干之正教授。按之现状，只可有副教授、助教授等，而教中等科者只可称为教习，外国之中学教员本不能称为教授，有时中学校长或可称之。然将来清华必渐充为大学，故不妨仿照外国办法，以四项标准分为等级。若目下无具正教授或副教授之资格者，宁缺毋滥……大学完全成立时，正教授不得过十人，副教授不得过十五人。"② 在教员升等与流程方面，"每年升迁及聘请正、副教授，须由教务长校长保荐，董事会通过。助教授以下，由本科正副教授保荐，经校长教务长允许，但非曾在外国甲等大学任过助教授，乙等大学任过副教授，或中外大学任过正教授五年以上且教法良上曾有研究或发明公布于世者，不得任为本校正教授，非曾在外国甲等大学任过教习或助手，乙等大学任过副教授或助教授或中外大学任过正副教授三年以上且教法良善者，不得任为本校副教授。非曾在中外大学毕业成绩昭著得有学位者不得任为助教授。本校各教员升等应以学位教法及研究或发明为准，但非有研究或发明，不得升为正教授。所谓研究或发明，指一种专门著作及成绩，或新学理，或新机械，确于世界学术上有贡献者。其最低限度为与博士论文相等之成绩（包含博士论文在内）。凡曾在他校任同等教务若干年者，转入本校时，得比照本校年加规定，起支月俸。正、副教授得组织教授会议，决定分配课程，升迁教授以下各教员及他相类之事。但得徵求助教授，讲师或教习之意

---

① 庄泽宣：《教员待遇问题》，《清华周刊》1922年第267期。
② 庄泽宣：《教员待遇问题》，《清华周刊》1922年第267期。

见。交换教授由教务长校长商同董事会聘请,其薪俸另定,但不列席教授会议。凡任课不满八小时以上者,称为讲师。讲师由正副教授荐聘或由教务长呈明校长聘任,月俸照任课时间及性质临时定之。不列席教授会议。"① 1924年公布的《国立大学校条例》已取消大学预科,教员等级仍分正教授,教授二等,各学校可视情况聘任兼职讲师。

北洋政府时期,大学之所以形成如此自由且独具特色的教员聘任和晋升制度,大凡与彼时动荡的政治时局、宽松的教育行政管制、学术英才的匮乏和自主的学术环境等密切相关。各大学在教师晋升方面灵活机动,在教师聘用与晋升中各大学拥有绝对的自主权,其中校长的裁量权尤大。但在宽松自由的背后,大学相应的评议会与聘任委员会又设立了相应的制度规范对晋升过程予以约束,使教员晋升活动表现出既不拘一格降人才,但又遵循相应规范的特色,为其后大学教师晋升制度的发展积累了经验。然而,该阶段有海外留学经历的学生一跃成为教授的现象也多为有识之士所诟病。潘光旦对滥用教授职称现象深感不满:"欧美各国大学的学生未必如何特色,收取学生的条件未必如何严密,然教授的资格却非同小可……从助教、副教授到正教授,决没有躐等的,更没有刚从大学或大学院出来一跃而为教授的。"② 这影射出彼时学术界对健全学术职业规范、规范教员晋升制度的强烈要求。

第三节 大学教员晋升制度的发展(1927—1936)

一 《大学教员资格条例》重新拟定教员任职资格

1927年,南京国民政府的成立在一定程度上实现了中国社会的暂时和局部统一,大学进入了一个相对平稳的发展期。在延续前期发展与积累的基础上,这一时期的大学组织管理制度、教育与学术活动的

---

① 庄泽宣:《教员待遇问题》,《清华周刊》1922年第267期。
② 潘光旦:《教授为学问之大敌说》,潘乃谷、潘乃和选编:《潘光旦选集第3集》,光明日报出版社1999年版,第6页。

开展等都有了新的进展。南京国民政府出台了相应的政策法令使北洋政府时期大学教师晋升的"校长集权"与"大学自治"样态逐渐转向制度化与规范化。正如蔡元培于《十五年来我国大学教育之进步》中所言:"现今在国内外大学毕业的,岁有增加,除了一部分对于学问有十分兴趣,愿委身于教育者外,就是热心办事的学者,也因没有相当的事业,可以担任,而愿尽力于教育界,所以各大学延聘教员,尽有选择余地,而教员也很自重,不肯敷衍了事。"[①] 鉴于长久以来大学教育官僚化之弊端,1927 年,南京国民政府公布《大学区组织条例》[②],根据条例精神,全国依现有之省份设若干大学区。为了提高大学师资质量,教育行政委员会制定了《大学教员资格条例》,该法令明晰了不同职称晋级的学历条件,即助教须具有学士学位,讲师须具有硕士学位,受聘副教授时,教员需有国外大学的博士学位。值得注意的是,出于对国学的重视,教员于国学上有特殊的贡献可升为副教授职务;有贡献或研究者可聘为讲师、助教职务。南京国民政府规定的教员等级与晋级规则表如表 2-2 所示。

表 2-2　　　　　　　1927 年南京国民政府教育行政委员会
规定的教员等级与晋级规则[③]

职称	助教	讲师	副教授	教授
就任资格 (满足其一即可)	1. 国内外大学毕业,有学士学位,而有相当成绩者 2. 于国学上有研究者	1. 国内外大学毕业,有硕士学位,而有相当成绩者 2. 于国学上有贡献者	1. 外国大学研究院研究若干年,得有博士学位,而有相当成绩者 2. 于国学上有特殊之贡献者	

---

① 蔡元培:《十五年来我国大学教育之进步》,《申报》1926 年 10 月 10 日第 38 版。
② 《大学区组织条例》,《申报》1927 年 7 月 13 日第 10 版。
③ 《中央教育法令:甲、条例:大学教员资格条例(附表)》,《大学院公报》1928 年第 1 卷第 1 期。

续表

职称	助教	讲师	副教授	教授
晋升资格		助教完满一年以上之教务，有特别成绩者	讲师完满一年以上之教务，而有特别成绩者	副教授完满二年以上之教务，而有特别成绩者
职称级别及薪俸	一级 180 二级 160 三级 140	一级 260 二级 240 三级 220	一级 340 二级 320 三级 300	一级 500 二级 450 三级 400
晋升审查内容	1. 履历；2. 毕业文凭；3. 著作品；4. 服务证书			
晋升审查流程	大学之评议会为审查教员资格之机关，审查时由中央教育行政机关派代表一人列席			

大学教员资格条例，于教授之下，设副教授，此亦为新有之名，系因正教授名称已取消。该条例列讲师于副教授之下，助教之上，是承认讲师为专任教员的等别之一，与从前之以讲师为兼任教员者，为一重大之变易。

此外，《条例》的一项重大创新之处是：副教授在任职满两年之后，凭成绩可晋升为教授；以此类推，讲师与助教分别在任职满一年之后，可凭成绩升任副教授和讲师。这意味着：在制度层面，助教可以凭借在学校内服务的"成绩"逐级晋升为教授。但照此规定，第四中山大学在开学时竟无一位正教授职称者，即便是吴有训、竺可桢、严济慈和闻一多等名流都只能破格晋升为副教授，究其缘由，乃自《条例》实行之日起，他们均未能完成一年的副教授授课任务。

二 "党化教育"指导下行政力量对晋升权的干预

自1912年以来，大学教员聘任手续已更简便，而1924年规定大学教授由校长延聘，即报部手续亦已废止。1927年《大学教员资格条例》又未认真执行，各大学之教员等别资格聘任待遇，多各自为政。《大学教员资格条例》的制定，窥当时之用意，似在将当时全国之已任教授，悉由各校之评议会依据该条例所定资格，一律予以审查，报由教育行政机关认可,俾得整齐程度而统一稽查。

南京国民政府建立后,教育部出台明确规定,各大学需设"评议会"负责审议各教员资格。与会期间,当由教育行政委员会派遣一委员就教员资格审定发表意见,并对通过审核的教员颁发"认可证书"。此制度设计无疑加强了教育部对教员晋升过程的管控。事实上,尽管教育部人员决议大学教员晋升结果的设计受到了评议会与教员们的抵制,但就彼时的政治局势而言,党化教育理论的源头乃"教育政治化"理论,即教育应以政治为目的,以服务政治为归宿。由此,政治力量介入大学教员的晋升程序乃合理之所需,此举利于实现教育行政部门对大学资源分配的管控,确保党化教育顺利实施。对于党化教育的实行,大学内部大部分学者持质疑态度,如张文昌在《党化教育的危机》中感慨道:"若真正要教育办得好,必须有良好的人才,与以充分发展的机会与安心就职的保障,当然以前的学阀腐化,恶化的分子,须彻底肃清,而新进的投机分子,政客化的人物也应当绝对排斥。既付以办学的责任,就应当与以范围内之自由,保障其职业,使之安心发展,切不可轻易撤换,致有如现在政府人员之'五日京兆'之席不暇煖。如此下去,'一朝天子一朝臣'的演换下去,不知伊于何底。这样的教育,还有什么效率可言,更如何谈得到真正的党化教育?"[①]这影射了大学教员对党化教育实施的不满。

此外,教育部还出台了其他法令以规范大学教员的晋升过程。例如,1929 年,《国立大学教授自十八年度上学期起应以专任为原则由》中规定:"自十八年度上学期起,凡国立大学教授,不得兼任他校或同校其他学校功课,倘有特别情形,不能不兼任时,每周至多以六小时为限,其在各机关服务人员,担任学校功课,每周以四小时为限,并不得聘为教授。各校长务须随时详查,认真办理,勿稍瞻徇,是为至要。除分行外,合行令仰遵照。"[②] 1929 年,南京国民政府公布的

[①] 张文昌:《党化教育的危机》,《秀州钟》1927 年第 7 期。
[②]《令:训令:第八一三号(一八,六,一七):令国立各大学校长:为令国立大学教授自十八年度上学期起应以专任为原则由》,《教育部公报》1929 年第 1 卷第 7 期。

《大学组织法》规定:"大学教员分教授、副教授、讲师、助教四种,由院长商请校长聘任之。"① 1931 年,教育部调查了各校教员的等级标准、晋升、薪酬等情况。结果显示:大学教员分级标准及薪额,各校现行办法颇不相同,应详查备核。这反映了彼时各大学在教员等级及晋升程序上的差异性。随着全国大学教员数量的持续增长,南京国民政府为保障师资质量,严格规范大学教授的任职资格,这引起大学教授群体职称结构的改变。

概言之,1927 年至 1937 年是中国大学教授群体发展相对迅速的十年。1932 年,国际联盟出版的考察报告《中国教育之改进》中指出:"现在全体大学教师中,约有 41% 为教授或副教授,44% 为讲师,15% 为助教,但教授与其他各级大学教师之分别、意义常欠分明;教授能占特定讲座者,似为例外;中国所谓'教授'二字,除使人联想其荣誉及较高之薪金而外,常不易确定其正确之意义。"② 对此,国联教育考察团建议中国教育部注重规范大学教员资格。直到 1937 年夏季,蒋介石在江西牯岭举行谈话会,征询对国是意见,以集思广益,作为决策参考。彼时,有学者提议由教育部负责逐渐开启各大学教员的资格审查工作,但由于抗日战争的爆发,该审查工作未能得以实施。

第四节 大学教员晋升制度的深化(1937—1949)

一 《教员资格审查施行细则》中晋升标准的"精细化"

进入 20 世纪 30 年代中期以后,由于政府采取了一系列措施加强对各类大学的组织管理,将大学的学科设置、院系标准、经费标准等都纳入到国家统一管理,中国大学进入了相对稳定的发展期;同时,留学生大量回国加入大学建设和管理中,这无疑加快了中国大学的现代化与本土化进程的步伐,大学在学术研究和人才培养方面较以前的

---

① 《法规:大学组织法》,《立法院公报》1929 年第 8 期。
② 国际联盟教育考察团等编:《中国教育之改进》,国立编译馆 1932 年版,第 168 页。

发展取得了明显进步。然而，日寇侵华战争的爆发打乱了大学的发展计划，大学又一次因为外部力量的干预，进入了一个空前动荡的发展时期。据统计：1937 学年度，高等学校损失巨大，从战前的 108 所减至 91 所（即减少 15.7%），教员从战前的 7560 人，减至 5657 人（即减少 25.2%）；职员从战前的 4290 人，减至 2966 人（即减少 30.9%）；学生从战前的 41922 人，减至 31188 人（即减少 25.6%）。① 全面抗战开始后，国民政府有关教育事业的一系列改革举措相继出台。一方面，采取"战时当作平时看"的方针，对高等教育的目标、组织、管理、课程、教学等进行新的全面部署；另一方面，为了进一步保存高等教育实力，最大程度上减小战争对大学的摧残，国民政府决定将东部大学西迁并实施改组与合并，加以调整与充实。

1937 年 8 月，国民政府行政院核发的《总动员时督导教育工作办法纲领》中拟定了初战阶段各级教育的应变方案。1938 年 3 月，时任教育部长的陈立夫发表了《告全国学生书》，他呼吁："教育为建国之根本大业，各级及各种学校之设立，实各有其对国家应负之使命，'亡人国者必图亡其教育文化，以绝其复兴之凭藉'。"② 同年 4 月，国民党临时全国代表大会议决通过了《战时各级教育实施方案纲要》，第一次提出了"九大教育方针"及"十七项实施要点"。据教育部的数据统计分析："自抗战爆发到该年四月，国立各高校财产损失为 36527231 元。"③ 那么，如何在现有的条件下，最大程度地调动、发展高等教育事业乃亟需解决的主要矛盾。具体到大学内部的教员管理则需要制定严格的标准对教员实施分等，再依据教员等级分配有限的物质资源。1936—1937 年，全国专科以上学校教职员及学生人数如表 2-4 所示。

---

① 曲士培：《中国大学教育发展史》，山西教育出版社 1993 年版，第 526 页。
② 《专载：陈教育部长告全国学生书》，《潮安县中半月刊》1938 年第 1 卷第 1 期。
③ 国民政府教育部档案：《教育部编报的抗战以来公私立专科以上学校财产损失统计表》，侯德础：《抗日战争时期中国高校内迁史略》，四川教育出版社 2001 年版，第 42 页。

表2-4　1936—1937年全国专科以上学校教职员及学生人数统计①

年份	教职员数	在校学生数
民国二十五年	7560	41922
民国二十六年	5657	31188

会议期间，关于大学教员资格审查办法的提案涉及以下三方面：其一，重设大学教员的等级，即在原有教员等级之外，增设"正教授"，且该职务应由"国家授予"；其二，细化教员任职条件，晋升过程中教员学历、教学经验及教学成绩、教员本人的品德以及教员本人出版的著作列为重点考量因素；其三，增添机构设置，提议成立专门的机构对于教员资格进行审核，加强教育部对晋升活动的规范力量。

1940年，教育部先后公布了《大学及独立学院教员聘任待遇暂行规程》《大学及独立学院教员资格审查暂行规程》（以下简称《暂行规程》）及《大学及独立学院教员资格审查暂行规程施行细则》（以下简称《施行细则》）三项部令，进一步规范了大学教授师资管理包括资格审查、等级认定、薪俸待遇等方面。在教员晋升方面，与先前的条例相较，《暂行规程》呈现如下变化：第一，教员职称最终评审的最终权力收归教育部。对于大学教员的评价，由专门的机构进行，即设立"学术审议委员会"。学校需向学术审议委员会上交各教员履历表、毕业证和学位证、著作、服务证明等文件，以待审核；第二，拓宽了教员的资质晋升条件。《暂行规程》中所规定在研究机关、专门行业供职的人员，亦可以通过学术研究而获得"讲师"至"教授"的头衔。如：西南联合大学（以下简称西南联大）在设定副教授职称时规定，"教员执行专门职业共四年，有特殊成绩者"方有资格获得该职称；第三，教员晋升年限延长。不同于之前的升级年限规定，《暂行规程》大幅度提高了教员升等的基础年限，如讲师与副教授的升等均

---

① 国民政府教育部教育年鉴纂委员会编：《第二次中国教育年鉴四》，商务印书馆1948年版，第1400页。

需再任教至少三年。例如，西南联大规定："升等教授需曾任大学教授或讲师，或执行专门职业共六年，升级副教授至少为四年"；第四，重视"教学成绩"与"研究成果"。《暂行规程》取消了"国学有特殊成绩者"晋升的特权，确认了在晋升过程中教学成绩的重要性。例如，西南联大在教职员考绩办法中明确规定："年功考绩，凡职员服务满一年者，由主管部分就平日考核之结果，送由总务处汇呈常务委员分别奖惩之。"①《暂行规程》中，申请晋升的教师需要提供相应的升等著作。此外，在西南联大的各级升等条件中也无不增添"所任学科有贡献"这一选项。时任教育部部长的陈立夫认为，《暂行规程》改变了一味注重洋学历的倾向，在制度层面鼓励本国学者获得晋升机会，在一定程度上解决了战时新增学校的师资荒。

二 "学术审议委员会"的运行促使晋升过程"程序化"

抗日战争全面爆发后的最初一段时间内，南京国民政府中断了从制度上规范大学发展的工作，将工作的重心更多地集中于组织协调大学的撤退与转移方面。随着战争形势的逐渐稳定，大学的迁移工作逐渐完成，国家高等教育进入了相对稳定与发展期。统一大学教育标准、提高大学学术水平等任务，又一次被列入教育部宏观管理教育工作的日程。1940年，教育部成立了学术审议委员会对教员升等资格进行审查，此举从制度层面助推国家教育行政部门对教师晋升程序的直接介入。教育部通过颁布晋升资格、评聘条例、机构制度的总的纲领，规定各学校教师聘任与晋升人员需由其审核批准。

《施行细则》中有关教员晋升审核的实施大抵具有以下规则："其一，各校所聘教员，未经教育部审查合格者，应于学年开始后九个月内，由校呈请审查。各校拟聘及现不在职之教员，得由学校或其本人随时呈请审查之；其二，学校呈请或教员自请审查资格，须呈缴下列

---

① 《国立西南联合大学职员考绩办法草案》，北京大学等编：《国立西南联合大学史料》（第4卷），云南教育出版社1998年版，第427页。

第二章 大学教师晋升制度的历史演变 ◀◀ 67

各件：（1）履历表：载姓名、别号、性别、籍贯、生年、学历、经历、现任职务、著作、擅长科目及请予审查之等别各项；（2）毕业证书或学位证书或学历证书；（3）著作品：须印刷成本者，无著作者缺，著作甚多者得择优缴送；（4）服务证书：服务学校或机关之原聘约或任用状，其因故遗失者须有原学校机关或其主管官署查案证明之文件；（5）其他足资证明资格之文件（如服务成绩证明书等）；（6）相片：二寸半身相片三张，一张粘贴履历表上，余二张随缴……其三，审查除由学校呈请审查者外，其经学术审议委员会委员三人以上之联名荐举者，得经提学术审议委员会投票表决之；其四，暂行规程公布前教员之服务年资得照计算，惟以公立及已立案之私立大学或独立学院专任教员为限；该规程公布后之服务年资，以业经审查合格者之专任教员为限。其五，暂行规程第三条至第六条各条款所称之成绩，应行审查之要项如下：国内外大学毕业成绩，审查其毕业考试成绩及名次；学术机关研究或服务成绩，审查其研究报告、著作品或成绩证明书；得有博士硕士学位或其同等学历证书者成绩之审查，审查其论文及授予学位或证书之学校或机关之地位；教员服务成绩之审查，审查其教学期间之著作研究或成绩证明书；执行专门职业者成绩之审查，审查其业务成绩或著作品……在职之专任副教授、讲师、助教完满定期教务，经学校考查其成绩确属优良而有专门著作者，由校呈请为升等之审查时，须呈缴下列各件：履历表，项目与第三条一款同，惟须注明前经审查年月，已领证书等别，号数；毕业证书或学位证书或学历证书：限于前次审查后继续深造所得之证书；著作品：限于前次审查后续出之著作；服务证书：限于前次审查后继续服务之证书；其他足资证明资格之文件。"①

《暂行规程》与《施行细则》颁行的意义不仅在于统一大学在职教员的职称与资格，而且还为各校拟聘教员提供了衡量师资质量的标

---

① 《专载：大学及独立学院教员资格审查暂行规程施行细则（教育部二九年十月四日规肆字第三〇二号训令公布）》，《国立浙江大学校刊》1940年第复刊62期。

准。1941年,行政院通过了《教育部设置部聘教授办法》,对教授资格的认定也是以《暂行规程》为依据。"其一,在国立大学或独立学院任教十年以上者"[①],《暂行规程》第三至六条规定助教需任职两年以上,讲师需任助教四年以上,副教授需任讲师三年以上,教授需任副教授三年以上,教授累计任职十二年以上;"其二,教学确有成绩,声誉卓著者;其三,对于所任学科有专门著作,且具有特殊贡献者"[②]。

对于此次教育部收归大学教员资格检定权力之举,西南联大等高校以其干预大学内部事宜为由颇有微词,但也因选定审查之委员大多乃教育界颇有名望之人,故该办法尚能正常实施。客观来说,该制度设置的目的在于提高各大学教员资格升等的规范性,改善彼时大学各自为政的人事升等状况。值得一提的是,审查过程中提高了研究著作在教员升等事宜中所占的权重,这对于现代大学学术事业的发展具有一定的推动作用。1948年,国民政府正式公布了《大学法》与《专科学校法》,以"法"的形式对教师晋升事宜作出规定。概言之,彼时大学教师晋升制度经历了由无序的自由放任状态逐渐走向规范化、制度化的过程。大学历经数十年的发展基本上建立起一整套相对严格规范的教员晋级制度,这不仅使中国近代大学教员群体的专业化水平在一定程度上得到提升,也促进了大学内部管理体制的完善。

---

① 《教育法令:教育部设置部聘教授办法》,《教育通讯(汉口)》1941年第4卷第29期。
② 《教育法令:教育部设置部聘教授办法》,《教育通讯(汉口)》1941年第4卷第29期。

第三章

大学教师晋升制度的制定

面对晚清社会亘古未有的历史变局，学术与政治逐渐分离，传统官师不得不转变成为一种以传播与创新知识为己任的具有独立性的社会职业，专业化的教师群体应运而生。随着西学的传入，西方教师晋升制度的实践经验被引入我国近代学制的建设之中。于教员晋升方面，学位、研究、教学等学术性标准日益成为教员晋升检定中的核心要素，涵盖大学教师的晋升等级、晋升条件、晋升程序等在内的教师晋升制度也得以修订和完善。

第一节 晋升制度制定的背景

一 清末教习官僚等级体系的弊端

依清朝旧制，教师称为"教官"，隶属于官僚系统分支之一，专职负责教化。在晋升空间上，教官成绩出色者则可升迁至官僚系统他职。1905年，政务处明文奏请设学部之时，曾商定教员身份问题，视教员作职官，列入官籍之中。1907年，《学部奏定师范奖励义务章程折》中言明对优级师范学堂及初级师范学堂毕业生的奖励，如对优级师范学堂毕业生中"考列最优等者，作为师范科举人，以内阁中书优先补用，并加五品衔……俟义务年满，以应升之阶，分别京外，分部分省，遇缺即补"①。对初级师范学堂毕业生中"考列最优等者，作为师范科贡生，以教授用，并加六品衔……俟义务年满，以应升之阶优先补用"②。虽是传统使然，但上述规定还是表明教师身份在清末新政的背景下并未有实质性的变化，依然隶属于职官系列。

清廷推行的科名奖励与授予实官之举致使社会求官之风愈演愈烈。随后的辛亥革命虽已推翻帝制，倡民主共和，却并未使此风气完全湮灭。"民国初元，国家乍脱专制而创共和，社会对于政治兴味非常亢进。"③从理论上来说，旧式士人成功取得社会身份与地位之转型有其历史必然性，这源自数千年科举制度的移除斩断了传统学人考取功名的官职晋升阶梯，逐渐打破了古老"学而优则仕"的耕读仕进传统，士人群体随着历史的车轮于政治、文化等舞台上逐渐从中心迁移至边缘地带，成为名副其实的"自由浮动的知识分子"。然民初之制，百废待兴，诸事暂无章可寻，政府虽广开招贤之馆但实则亟待革新体制，"对于官宦之新，既有求而得之者，亦有不得者，有得而欣然接受者，亦有不遂其所愿者"④。民初仕宦途之乱象实为严重矣，改革迫在眉睫。

于教育界，蔡元培就任北大校长时曾感慨于彼时之风气："因做官心热，对于教员，则不问其学问之浅深，惟问其官阶之大小。官阶大者，特别欢迎，盖为将来毕业有人提携也"⑤，对于蔡氏而言，"若

---

① 《章奏：学部奏定师范奖励义务章程折（章程附）（光绪三十三年二月初五日）》，《河南教育官报》1907 年第 7 期。
② 《章奏：学部奏定师范奖励义务章程折（章程附）（光绪三十三年二月初五日）》，《河南教育官报》1907 年第 7 期。
③ 黄炎培：《读中华民国最近教育统计：法政教育之锐进锐退，四年高等小学教育之退步，女子受高等教育者无一人，全国百人中仅一人在学，山西进步最稳，湖南江西皆可怜（附表）》，《新教育》1919 年第 1 卷第 1 期。
④ 包志拯：《论今日国民亟当各务职业》，《申报》1912 年 1 月 19 日。
⑤ 蔡元培：《就任北京大学校长之演说词》，蔡元培：《国学精神》，北京理工大学出版社 2020 年版，第 246 页。

乃吾侪之所谓教育……故吾侪不谓之士,而谓之教育工"①,大学教师作为一种专门职业具有其特殊性。民国初年政体的变迁,高等教育性质的转变也预示着对大学教师群体的重新定义,即革新晚清大学堂中"官师合一"的传统,重新界定师者角色。

二 民国初期现代大学建制的要求

钱穆道:"故凡属政治上具有一种真实性之制度,则必从社会风气酝酿而出。否则有名无实,有此制度,无此风尚,空制度决不能与真风尚相敌。"② "大学之在民国,较在帝国王国中所负的使命,更为重大。民国之建立与巩固,固在普通教育之普及,一般人民程度之增高。实则社会思想之转移,学说之倡导,科学之发明,其间键全在大学……说到大学的重要,便想到大学制的主张与办法,也有急于介绍中国的必要。"③ 辛亥革命结束了数千年来的封建帝制,与社会政治体制变革相伴的是文化教育领域的变革,随着民初新学制的推行,北洋政府出台了一系列宏观教育法令,中国的高等教育也逐渐进入了正常发展的轨道。

1912年召开的全国临时教育会议最初意向乃"拟遍采欧美各国之长,衡以本国情形,成一最完全之学制"④,最终决定在参照邻国日本学制的基础上,结合国情制定颁布了民国首部学制——壬子癸丑学制。新学制推行的同时,教育部又出台了《大学令》《大学规程》《专门学校令》《公立私立专门学校规程》等高等教育领域的法令法规,初步建构起大学制度的法制框架。相较清末大学制度,民初高等教育的主要变化之一是对大学内部相关制度与机构的设立进行了规定,引进西方的评议会、教授会等制度。教育部也聘请了井上哲次郎等数位日本

---

① 蔡元培:《教育工会宣言书(一九一七年七月十五日)》,高平叔编:《蔡元培教育论著选》,人民教育出版社2011年版,第112页。
② 钱穆:《国史新论》,生活·读书·新知三联书店2001年版,第241—242页。
③ 李鸿明:《民国与大学——大学与大学制》,《北京民国大学月刊》1928年第1期。
④ 蒋维乔:《民元以来学制之改革》,陈学恂主编:《中国近代教育史教学参考资料》(中册),人民教育出版社1987年版,第164页。

教育专家对中国大学制度改革建言献策，有专家称"现拟改分科大学学长互选，大学总长公选，殊为适当，惟学长任期亦当定为三年，盖学长系教授兼任……总长则应公选大学内或大学外之人充之，否则大学与教授均有不便，何则以纯粹之事务官，由大学外任命而来，非仅大学未便以事务官位居教授之上，即视专门之教授如僚属，实亦学界之耻也。"①

诚然，良好的组织架构、校舍设备、学科设置等乃一所现代大学得以顺利运行的基本要件，而其中最为紧要的无疑是其所延聘的师资质量。从构成关系上看，教师晋升制度乃现代大学制度的组成部分，也是教师实现专业发展的重要保障。反之亦然，一个好的大学制度不仅是一种超越性的社会理想，而且是一种合理的资源配置。"大学制足以发展真正之教育独立精神，考大学制之推行，本倡自法，其优点即在能团结一民族固有之精神文化，使发扬光大。"② 在某种程度上，教师晋升制度等具体行政管理政策所彰显的大学组织文化取向，实则为支撑大学教师活力的核心要素，同时也是大学顺利建制的基础。

三　大学教员学术职业发展的趋向

清民鼎革之际，自隋朝建立的科举选官制度既废，学人与官吏的必然联系被打破，伴随着学统与政统的分离，知识分子不得不另觅栖息之所，大学便成为其活动的主要场所之一。大学制度由于具有明显的规范功能，其通过对大学内外部权力的规范与制约保障大学各项功能的顺利运行。而大学作为探索与传播先进知识的文化组织，学术性乃其本质属性，因此，大学教师的专业活动在本质上也属于学术性的专业活动。"对于每一次对教师在其级别中的任命与晋升，大学都必

---

① 井上哲次郎：《日本教育家对于大学制度改革之意见》，《教育公报》1918年第5卷第14期。

② 蒋石洲：《大学制之研究》，《浙江大学教育周刊》1928年第23期。

须把它视为一个重大的决定和难得的机遇。"① 故而，建立公平合理的学术职称晋升制度对于教师的学术职业发展的重要性可见一斑。

1912年，孙中山于北京教育界欢迎会上提出："才智者既研究各种学问，有政治之能力，政治之权势，则当用其学问，为平民谋幸福，为国家图富强。"② 时任教育总长蔡元培曾留学德国并深受柏林大学理念的影响，例如，《法令：专门学校令》中规定："专门学校以教授高等学术，养成专门人才为宗旨。"③ 蔡氏认为民族与国家的兴盛，学术的发展尤为重要。由此可见，大学的学术性已经在民国建立之初就备受重视。

大学学术的发展深受其所存在社会环境的影响，换言之，不同时代的学术成果无不是其时代图景的产物。1914年，《学术评定委员会组织令》规定于教育部设置"学术评定委员会"，其职责在于"掌阅各科论文著述"，此乃民国时期教育行政机关首次建立的学术评价机构。事实表明，许多学者和教授在被学校录用后，在学术研究领域发表了大量的著作，在传统学术范式向现代转型的过程当中，这其中有相当一部分成为该领域的开拓性研究成果。例如：王国维的《殷周制度论》乃近代中国早期甲骨学研究的顶峰之作，傅斯年的《夷夏东西说》更为民国时期中国古代文明史研究的开山之作。正如王汎森所言："在现代中国的新学术社群中，出现不少新的诠释观点。它们纷纷取代了旧的观点，成为人们在相关研究领域中的典范。"④ 可以说，大学教员群体潜心于学术研究有助于我国近现代学术事业的长久发展，与此同时，研究成果的积累不仅能够使大学教员获得更高的职称，也奠定了他们在这一领域的学术声誉。因此，从这个角度看，教师晋升与学术产出实际上是一种互利共生的关系。

---

① ［美］詹姆斯·杜德斯达：《21世纪的大学》，刘彤等译，北京大学出版社2005年版，第123页。

② 孙中山：《民教育家之任务》，舒新城编：《中国近代教育史资料 第3卷》，人民出版社1981年版，第1005页。

③ 《法令：专门学校令》，《中华教育界》1913年第2期。

④ 王汎森：《中国近代思想与学术的系谱》，河北教育出版社2001年版，第263页。

中国早期大学教师晋升制度的发轫是基于学术研究职业化的需要。大学教员晋升制度总体上以崇尚学术为价值取向，其学术评价的标准体现了对研究成果质量、价值的珍视，为教员学术职业的发展提供了动力支撑。良好的晋升制度保障了学者在学术黄金期葆有高涨的创作热情，以免除论资排辈煎熬岁月对其学术生涯的无情摧残，这也为彼时学术大师的缔造提供了良好的制度环境。

第二节　晋升制度制定的目的

一　保障大学教员的生活待遇

对于职业化的教师群体而言，薪俸收入是其最主要的经济来源。一般而言，在职业社会中，专业人员的薪俸通常是以等级为基础的，而之于大学教员，职称等级是其专业技术能力的具体表征，也是其薪俸划分的重要依据。大学教员晋升制度从法律角度规范了教员的等级与该等级对应的薪俸，对保障大学教员的生活待遇起到了重要作用。根据中华民国教育部公布的《教育部直辖专门以上学校职员薪俸暂行规程》："凡直辖学校教员分专任、兼任二种……专任教员，月支一百八十元至二百八十元……大学预科专任教员，月支一百四十元至二百四十元。大学专任教员每周十小时以上，大学预科专任教员每周十二小时以上。"[①]

1917年，《国立大学职员任用及薪俸规程》的颁布对大学教员等级进行了划分，即大学教员分四等，除讲师外各等级之下又分六级。例如，1926年，鲁迅受厦门大学之邀，任中国文学系教授，月薪四百元，数月后，转任中山大学教授一职，月薪为五百元。南京国民政府成立后，教育部建立了较为完善的教员薪俸标准和经费保障体系，教员薪俸水平稳步提升。1927年，《大学教员薪俸表》中规定："教授月

---

① 《法令：教育部公布直辖专门以上学校职员薪俸暂行规程（中华民国三年七月六日饬文第六十号）》，《教育杂志》1914年第6卷第5期。

俸四百元至六百元，副教授月俸二百六十元至四百元，讲师月俸一百六十元至二百六十元，助教月俸一百元至一百六十元。"① 教职员薪资在实际执行的过程中，根据各校各自的经费情况又有不同的标准。例如，"交通大学，其1921年4月的教职员月薪表便清楚地记载着：校长每月的薪俸为400—800元，教授每月的薪俸为200—800元"②。在这一时期，即便是远离政治、文化中心的大学，其教授的薪俸也都维持在较高的水平。

虽然彼时大学教员的薪俸因经费挪用、经费不足等原因时常面临拖欠或不能足额发放等情况，但教员晋升制度的建立确实在国家法规层面上对大学教员的专业技术等级与其应享受的待遇予以了规范与确认。而这与古代"一职一薪"的简单职务俸禄制不同，这一时期是多等级的职级俸给制，这不仅结束了长期以来教师等级管理混乱、无章可循的局面，而且在中国首开现代教师薪俸制度之先河，对于规范教师薪俸管理，保障大学教员的生活待遇具有积极作用。

二 提升大学的师资质量

中国早期大学教员晋升制度对学位、研究、教学与讲师、副教授、教授等职务的对应关系作了具体的规定，从而使教师晋升有法可依，有章可循，进一步提升了大学的师资质量。

以北洋政府时期为例，彼时国内现代大学制度建设正处于起步阶段，大学毕业生能直接担任教学工作的尚属凤毛麟角。故在实际评聘过程中对于留洋经历的教员十分青睐，留洋学者破格晋升现象也屡见不鲜。例如：胡适在留美期间发表的文章先后得到陈独秀与蔡元培的赏识，他于27岁且尚未获得博士学位时便被聘为北大薪水最高的"一级教授"。1917年，丁绪宝于北大毕业后留校担任助教一职。一年后其赴美国留学，四年后获芝加哥大学硕士学位并入克拉克大学研究声

---

① 《法规：大学教员薪俸表（国民政府教育行政委员会公布）》，《第四中山大学教育行政周刊》1927年第11期。

② 彭爽：《中国近代职业教育法律制度研究》，湖南人民出版社2010年版，第189页。

学一年，1924 年于哈佛大学研究物理学，回国后任东北大学物理系教授。更有学生尚未毕业就已被预聘为教授。比如，冯友兰在回国之前就已受聘于中州大学，任文科主任一职，归来后不久便走马上任。据 1918 年的数据统计，"全校二百多教员中，教授的平均年龄只有三十多岁"①。然而，有海外留学经历的学生一跃成为教授的现象也多为有识之士所诟病。潘光旦对滥用教授职称现象深感不满："在德国制度之下，从试教到正教授，中间要经过十数年或数十年的磨难和谨严的学者生活。美国的制度比较似乎宽些，然而相当的年限也少不得。从助教，副教授，到正教授，决没有躐等的，更没有刚从大学或大学院出来一跃而为教授的。"② 这影射出彼时学术界对健全学术职业规范、规范教员晋升制度的强烈要求。

大学教员晋升制度旨在对升等者以下方面进行规范：其一，教员教学的成绩；其二，教员实际的授课时数；其三，教员所教授课程的性质。按照晋升制度制定的目的，教员教学成绩的提高不仅体现在教学时间的延长，更表现在教员的教学方法、教学态度等方面的改善。譬如，王国维讲授《说文》时，"用的材料许多是甲骨金文，用三体石经和隶书作比较，这样一来对汉字的研究方法细密了"③。土木工程系教授茅以升曾于北洋大学研习桥梁改造之法的同时潜心钻研如何改进教学之法，已达启发诱导之效。曾就读于清华大学历史系的胡如雷回忆道："尤其值得一提的是，系里的教授绝大多数都能开出三四门以上的课程。譬如雷海宗先生，不但能开世界通史、中世纪史、国别史（如美国史），而且还开过中国通史，记得他当时还培养一名战国史专业的研究生。我们的中国通史课共讲授二年，按照各位教授的专长分段上课；除此之外，其余各门课程根本没有接力讲授的情况，都是由一位教师贯穿始终……说到听课有益，不能不提起王亚南先生的

---

① 许德珩：《为了民主与科学——许德珩回忆录》，中国青年出版社 1987 年版，第 22 页。
② 潘光旦：《教授为学问之大敌说》，潘乃谷、潘乃和选编：《潘光旦选集》（第 3 集），光明日报出版社 1999 年版，第 6 页。
③ 鲁静、史睿编：《清华旧影》，东方出版社 1998 年版，第 112 页。

教学。我在清华学习三年,在方法论上得到好处最多的是来源于听王先生所讲的政治经济学课。同学们在学习政治学的过程中,会提出各种各样的奇奇怪怪的问题,有些问题看起来是很难解答的。每隔几周,王亚南先生都要在一个特大的教室里解答这些问题,他不但指出正确的答案是什么,这些问题错误在哪里,而且最后还要指明,提问者所以产生这样的疑问,在思想方法上犯了什么错误。"[①] 此时期大学教员晋升制度在制定中对于教员教学与科研水平的强调直接促使教师改善自身的教学态度与行为,培养研究意识与能力,此举有助于提升大学的师资质量。

三 推动近代学术研究的发展

从整个社会来看,作为人类社会活动的一个十分重要的领域,学术研究成为一种社会职业的重要标志得益于对以学术研究为业的教师职业身份的确认。学术研究成果的取得,学术研究事业的发展与职业化学者群体的素质和规模休戚相关。学术研究的发展需要学者群体从制度规约下的被动研究最终转化为自觉主动地探索。因此,大学教员晋升制度产生的动因包含了对彼时学术发展的期许。

1912年颁布的《大学令》将大学教员分为教授、助教授和讲师三级。值得注意的是,政策文本中关于教员资格的条件明确表述为"积有研究""精深之著述"等学术性因素,此举也表明大学教员已逐渐转变为以"学术"为业的职业化学人。例如:为了挑选到具有真才实学的人才,蔡元培主持北大时曾提出了以"学"与"术"的不同作为划分大学和专门学校之依据。"治学者可谓之'大学',治术者可谓之'高等专门学校'。"[②] 两者虽侧重点不同,但是不必有程度与年限的差别。以学为基本,术为支干,以求其共同发展。在教员任用方面,不论国别差异、思想新旧、学历高低、资历深浅,

---

① 鲁静、史睿编:《清华旧影》,东方出版社1998年版,第223—225页。
② 蔡元培、周春岳:《读周春岳君"大学改制之商榷"》,《新青年》1918年第4卷第5期。

均以学诣为主要。清华大学亦强调对学者学术研究能力及成就的考察，如晋升标准中多次出现"在学术上确有重要贡献者""从事研究工作确有重要成绩"等语。国立安徽大学也将研究成果视为教员晋级的主要内容，见表 3-1。

表 3-1　　　　　　　1933 年安徽大学教员著述调查表节选①

姓名	职称	著述名称	编著亦系翻译	是否出版
林仲连	教授	奥国新教育	翻译	尚在印刷中
		儿童保护事业与法律	编著	已出版
		结婚新论	编著	已出版
		性生活之转化	编著	已出版
		男女性之分析	编著	已出版
		学习心理	翻译	已出版
赵廷为	教授	小学教学法	编著	已出版
		新课程标准与新教学法	编著	已出版
		教育心理	编著	未出版
		低学年算数教学法	翻译	未出版
郑萼村	讲师	中国史著探源	编著	未出版
		中国地理学史	编著	未出版
刘亦珩	教授	几何学作圆题研究	编著	尚未出版
		解析几何学问题详解	编著	尚未出版
		数学思想发达史	编著	尚未出版
		近世几何学	编著	尚未出版
邬保良	教授	Vapour pressure of Benzoic Acid	不详	1926
		Metal Olism in Eoain Tissue	不详	1927
		Solublity of Silver Oxide	不详	1926
		Adsorption of Mixtures of Gases in Titania Gels	不详	1928
		普通化学原理大纲	不详	不详
		普通化学原理实验	不详	不详

---

① 国立安徽大学：《本大学教授著述调查表（续）》，《安徽大学周刊》1933 年第 115 期。

王国维在《论教育》中谈及学术研究之于知识分子的意义时写道:"一切学问、一切职事,无往而不需特别之技能、特别之教育,一习其事,终身以之。治一学者之不能使治他学,任一职者之不能使任他职,犹金工之不能使为木工,矢人之不能使为函人也。"① 由此可知,大学教员欲获得晋升,学术研究成果的数量与质量尤为重要。1931 年 12 月 5 日,朱自清在其日记中道:"这两天夜里做了一些奇怪的梦。在其中一个梦里,我被清华大学解聘,并取消了教授资格,因为我的学识不足。"② 1936 年 3 月 19 日,他又记道:"昨夜得梦,大学内起骚动,我们躲进一座如大钟寺的寺庙,在厕所偶一露面,即为冲入的学生们发现。他们缚住我的手,谴责我从不读书,并且研究毫无系统。我承认这两点并愿一旦获释即提出辞职。"③ 虽系梦言,但在其表述中可知研究成果于大学教员晋升的重要性。综上所述,大学教员若想求得业务上的精进与职务上的提升需要具有一定的科研能力作为保障,这也直接推动近代学术研究的发展,而科学公正的教师晋升制度也有助于大学教员的学术创造性的产生与释放。

第三节　晋升制度制定的主体

一　国家教育行政机关

1912 年,南京临时政府成立,改学部为中华民国教育部,命蔡元培为教育总长。"元年四月,北京政府成立,始依参议院议决之官制,正式改组教育部。总次长以下,设参事三人。"④ 根据北洋政府时期制定的教育政策,教育部作为国家最高教育行政机关,承担了管理全国

---

① 王国维:《中国人的境界》,中国工人出版社 2016 年版,第 23 页。
② 朱自清:《朱自清日记》,李钢钟整理:《朱自清日记(1931.11.4 – 1932.1.31)》,《新文学史料》1981 年第 2 期。
③ 朱乔森编:《朱自清全集 第九卷 日记编 日记上》,江苏教育出版社 1998 年版,第 408 页。
④ 蒋维乔:《民初以后之教育行政》,朱有瓛等编:《中国近代教育史资料汇编——教育行政机构及教育团体》,上海教育出版社 1993 年版,第 164 页。

各级各类学校及制定国家宏观教育方针政策的任务。同时，由于北洋政府时期的国会未精通教育事务，故所有教育政策的颁布、推行与监督权均归于教育部。教育部起草教育法规的流程为："承海内教育家投以意见书，积久盈尺，因归纳各家意见，并参酌列国成规，拟就第一次草案；继加修改，成第二次草案，最后成第三次草案……用特将三种草案，先登报端，以供教育家之研究"①，经斟酌讨论修改后终成定稿。

对于教员管理的相关事宜，最早见诸蔡元培参与起草的《大学令》。除设置教员评议会之外，《大学令》还设定了教授与助教授二等教员级别，非专任教员还另设"讲师"一职。1917 年颁布的《国立大学职员任用及薪俸规程》中再次提及了教员晋级的规则，其中所设计的大学教员分四项职务与三个等级，但此"级"并非指教员职称的等级，其目的也仅在于区分大学教员的薪俸级别。该《规程》的全面推行也表明了北洋政府教育部试图在大学教员职称内部进一步划分等级的意向。

作为国家中央教育行政机关，教育部行使高等教育领域的最高行政权力并制定与大学教师职级、任职资格与晋升标准相关的政策法规。1917 年，北京大学校长蔡元培在国立高等学校校务讨论会上提出了改革大学学制的议案。在教员等级与晋升方面，《修正大学令》又再次确认了《国立大学职员任用及薪俸规程》对教员等级与任职资格的规定。

随着 20 世纪 20 年代大批留学生回国致力于大学教育的发展，西方大学的崇尚学术、教授治校等理念纷纷引入，逐渐成为高等教育发展的制度文化资源。南京国民政府成立后，政府虽然加强了对高等教育的干预，但在很大程度上承袭了民初教育行政与高等教育管理体制的基本框架。1927 年，南京国民政府教育行政委员会制定并颁布了

---

① 《教育部拟议学校系统草案》，璩鑫圭、唐良炎编：《中国近代教育史资料汇编——学制演变》，上海教育出版社 1991 年版，第 630 页。

《大学教员资格条例》，该条例也成为之后大学教员晋升所遵循的基础性法令文件。

1937年7月，抗日战争全面爆发，全国大学在教育部的号召下仓促应变，向西南地区转移。为了稳定教育局面，1938年，陈立夫开启了他近七年主政教育的生涯。在陈立夫的领导下，1940年8月，教育部颁布了《大学及独立学院教员资格审查暂行规程》，此乃彼时关于大学教师资格和晋升办法最完备的教育法令，这表现在它不仅重新制定了大学教员的任职资格、晋升标准与程序，还规定教育部学术审议委员会有权对大学教员晋升资格进行检定，各学校晋级教员在通过其审议之后方能授予相应职务。

二 大学评议会

中国近代最早的评议会制度可以追溯至清末的《通艺学堂章程》。通艺学堂是由张元济等人创办，教授内容以西学为主。学堂设学董和堂董各一人，学董负责学术性事务，堂董负责行政性事务。章程规定："设学董一人，主延聘教习，督察功课，核定章程及指导一切应办事宜。设堂董一人，主聘用司事，管理度支及办理一切事务。"[①] 大学令颁布后，"教授治校"的理念得以确认，各大学纷纷建立以评议会为核心的校级管理制度。在组织构成上，评议会以各科学长及各科教授为会员。评议会的审议事项涵盖："各学科之设置及废止、讲座之种类、大学内部规则、审查大学院生成绩，及请授学位者之合格与否，教育总长及大学校长咨询事件。凡关于高等教育事项评议会如有意见得建议于教育总长。"[②] 彼时，学校评议会负责议决重大事项，教员的聘任与晋升问题亦于讨论之列。例如，《清华学校组织大纲》中关于大学组建评议会的规定中指出："评议会有权议决教授、讲师与行政

---

① 《通艺学堂章程》，陈元晖主编：《中国近代教育史资料汇编——戊戌时期教育》，上海教育出版社1993年版，第149页。

② 《大学令（一九一二年十月二十四日）》，高平叔编：《蔡元培教育论著选》，人民教育出版社2011年版，第25—26页。

部各主任之任免。"① 蔡元培于1918年主持制定的《国立北京大学评议会规则》中对设立大学评议会的具体细则作了如下规定:"本会以下列人员组织之,(甲)校长(乙)学长(丙)各科教授每科二人自行互选以一年为任期任满可再被选……本会讨论下列各事项(甲)各学科之设立与废止(乙)讲座之种类(丙)大学内部规则(丁)关于学生风纪事项(戊)审查大学院生成绩及请授学位者之合格与否(己)教育总长及校长咨询事件(庚)凡关于高等教育事项将建议于教育总长者。"② 以下是北京大学评议会记录中对教员晋升的相关规定。

十月十八日③

出席人:陈启修、何育杰、胡适、冯祖荀、朱希祖、陶孟和、沈士远、李大钊、陈世璋、顾孟馀、张大椿、王星拱、俞星枢。

马叙伦、蒋梦麟、郑寿仁三人不在京。

(一)韩述祖先生要求延长留学期间六个月,研究职业心理案。

议决:大多数,可决。

(二)何杰先生提出,本校教授孙瑞林自请赴美研究高深学术,请援本校优待教授出洋留学条例支给全薪或半薪案。

议决:支给原薪半数两年。

(三)临时优待教员办法案。

议决:此后本校教员,援优待先例请求准假休息支取原薪或半薪时,须事前预先知会学校,请求审查。多数通过。

---

① 《清华大学组织大纲》,清华大学校史研究室编:《清华大学史料选编——清华学校时期(1911—1928)》(第1卷),清华大学出版社1991年版,第298页。

② 《国立北京大学评议会规则》,吴惠龄、李壑编:《北京高等教育史料——近现代部分》(第1集),北京师范学院出版社1992年版,第22页。

③ 《评议会议事录》,王学珍、郭建荣主编:《北京大学史料:1912—1937》,北京大学出版社2000年版,第164—165页。

(各预科提案)

……

（七）聘任委员会提出，设立审查待聘人资格之标准案。

议决：照原案通过。（原案附后）

聘任委员会提出：

以后本校聘请教授或讲师，改为教授须具两条件：

（1）须专习本门学问或虽非专习而于本门学问有特长者；

（2）须不在非教育的机关局所任职者。

……

北京大学总务处谨启
中华民国拾年拾月拾柒日

校长布告[①]

（十一月十四日）

……

三、校长提出关于本校各会议，如行政机关规则案

（一）各行政会议、教务会议、总务会议及其他关于校务之重要会议（如教授会等）之议决案，均须报告校长。

（甲）各行政会议之议决案，由校长决定及分配施行。

（乙）教务会议议决案，经校长同意后，分配教务或其他机关施行。

（二）校中各办事机关须将经过情形每月报告校长一次。由校长每年作总报告一次。

（三）各系教授会，每月至少须开会一次，商议各系应行进行事宜；各教员会至少每学期开会一次，商议关于各系全体教员应行事宜。

[①]《校长布告十一月十四日》，王学珍、郭建荣主编：《北京大学史料：1912—1937》，北京大学出版社2000年版，第168页。

议决：原案通过。

四、校长提出教务会议提出，本校毕业生在本校为讲师者，一律改称助教兼讲师。

议决：凡本校毕业生在本校为讲师者，得称助教。

附原案于后

校长钧鉴：敬启者，本月二十三日教务会议，有胡适教授提案"凡本校毕业生在本校为讲师者一律改称助教兼讲师"一件，业经通过。兹开具于左，敬请提出下次评议会。教务会议启。

附胡适提议：请教务会议议决提出评议会，凡本校毕业生在本校为讲师者，一律改称助教兼讲师。

理由：教育部定章，官费留学生惟专门以上学校之教授与助教得免考，而讲师无此权利，故近年本校毕业生在本校为讲师者，多为资格所限，吃亏不少，因此拟提议修正如上。

三　大学聘任（升等）委员会

为使"学术自由，教授治校"的办学理念落实至教员晋升的制度中，各大学在办学实践中成立了负责教员晋升的专业组织——聘任（升等）委员会。在制度设计上，一部分学校将教员升等的事宜纳入聘任委员会的工作实践中，故其在组织创设方面只保留聘任委员会以处理教员的聘任与晋升事宜。

在制度实践中，亦有学校专门成立了教员升等委员会并由该会负责草拟教员升级的各项规定。例如：1945年，师范学院设立了教员升等审查委员会，首届会议常务委员由廖世承、郭一岑、孟宪承等五人担任，该会议负责审议教员延聘升等事宜，制定并发布了《教员聘任待遇及服务规则》。为了规范教员的升等资格与程序，1949年8月，委员会又颁布了《国立师范学院教员升等暂行办法》。按照规定精神：学院教员分为助教、教员、讲师、副教授、教授五等，其中，"任职4年、能任正式课程的助教可改聘为教员，能任两科以上课程并有专门著作者改聘为讲师，同时规定助教第一年不得正式授课。规定经教育部审定合格的讲师任职3年以上，教学成绩优良并有专门著作者可聘为副教授，而讲师资格没有经过教育部审定者，则任职6年以上才能聘为副教授。规定经教育部审定合格的副教授任职3年以上、教学成绩优良并有专门著作者可聘为教授，而没有经过教育部审定资格的副教授，则任职6年以上才可能聘为教授"[①]。值得注意的是，讲师升任副教授，副教授升任教授须经过教育部学术审议委员会的审议，若未通过审议则年资需改为六年才可晋级。综上，各大学纷纷成立了聘任（升等）委员会，专司教员审聘晋升事宜，并颁布了相应规则，规范了教员受聘的资格与程序。

第四节 晋升制度的基本内容

制度的内容是制度运行所参照的规范文本。为了清晰、全面地透视中国早期大学教员晋升制度的内容，本书划分了包括指导纲领在内的四个维度，并结合具体的制度内容进行条分缕析。

一 指导纲领

晋升制度的指导纲领是制度文本所依据的政策纲领，它指导着制度的制定与实施。一般而言，各大学的升等规程所依照的政策文件乃教员申请升等审查办法、教员资格审查规程及各大学聘任待遇规程。在教育部成立学术审议委员会之前，各大学教员升等规则的制定通常以部令与教员评聘相关的政策文件为参考，以本校制定的聘任委员会章程为主要纲领。1940年后，由于教员的资格审查权与职务赋予权收归教育部，故各校的升等规则也更加贴近部令的政策导向。诸如，中央大学的教员升等资格审定办法第一条明确规定："本办法根据本大

[①] 张国骥、刘湘溶主编：《湖南师范大学七十年（1938—2008）》，湖南师范大学出版社2008年版，第25页。

学教员聘任及待遇规程第四条之规定订定之。"① 四川大学制定的教员升等规程也言明："本规程参照部颁大学及独立学院教员资格审查暂行规程暨本大学教员聘任规则订定之。"②《国立厦门大学教员服务规程》首条写明"本规程依照本大学组织大纲第十条及第十一条之规定订定之"③。《兰州大学教员聘任待遇规则》中规定："本大学聘任教员之资格与等别均遵照教育部颁发大学及独立学院教员聘任待遇暂行规程办理，其未经审定者暂由本大学按其以往资历定之，但须概于受聘者之后最短期内办理送审手续，本大学专任教员续聘时其已具备升等条件者在呈请升等未奉部令核定以前，其等别暂由本大学定之。"④ 1943年，教育部制定并颁布了《专科以上学校教员申请升等审查办法》，进一步规范了升等之流程，要求各院校成立升等委员会与教员资格审查委员会商议教员升等具体事项，但最终的职称审核权仍交由教育部。此后至1949年，各大学中的升等委员会如雨后春笋般建立起来并陆续颁布了相应规程。

专科以上学校教员申请升等审查办法⑤

第五四三二〇号总发（三十二年十一月八日）

一、副教授、讲师、助教于定期教务任满后，经各系务会议（应邀请教务长及本院院长参加会议，但拟申请升等审查者及其同等级暨低于该等级之教员不得参加该会）或科主任认为服务成

---

① 国立中央大学：《本校规章：国立中央大学教员新聘及升等资格审查办法》，《国立中央大学校刊》1947年复员后第1期。

② 国立四川大学：《国立四川大学教员升等普级审议委员会规程》，《国立四川大学校刊》1943年第15卷第2期。

③ 《国立厦门大学教员服务规程》，厦门大学校史编委会编：《厦大校史资料第二辑》，厦门大学出版社1988年版，第274页。

④ 国立兰州大学：《本校规章：兰州大学教员聘任待遇规则》，《国立兰州大学校讯》1948年第1卷第3期。

⑤ 《专科以上学校教员申请升等审查办法（第五四三二〇号总发，三十二年十一月八日）》，《教育部公报》1943年第15卷第11期。

绩优良并具有专门著作者，应由该系科主任负责签注意见，转请学校复核，认可后呈部，请为升等之审查。

二、各校院呈请为教员升等之审查时，除须呈缴大学及独立学院教员资格审查暂行规程施行细则第十条所规定各件外，应将系科主任签注之意见，一并随缴。

三、专门著作审查之标准规定如下：

（一）助教请为讲师之审查者，应具有与硕士学位论文价值相当之著作；

（二）讲师请为副教授之审查者，应具有与博士学位论文价值相当之著作；

（三）副教授请为教授之审查者，应具有与受学术奖励之专门著作价值相当之著作；

于三十年度前原任教授、副教授、讲师经审查甄别改等为副教授、讲师、助教者，得经由现服务学校请为升等之审查，惟以一次为限。

二 组织构成

晋升制度的组织构成一般包括会议的主席及常务委员。为厘清大学晋升制度的组织人员构成，笔者根据大学所制定的教员晋升规则文本进行了统计与整理。结果显示，大学虽在成立教员晋升组织机构的时间上有所不同，但人员构成大抵包括各科学长及院长。例如："根据1929年北京大学聘任委员会会议记录，会议的委员为何基鸿、王烈、马裕藻、杨振文、王仁辅等。"[①] 1943年，四川大学教员升等普级审议委员会颁布了《四川大学教员升等普级审议委员会规程》，制度规定："本大学教员升等委员会设委员十三人，除校长、教务长及文、理、法、农、师范五学院院长为当然委员外，其余由校长在每学院聘请专任教授各一人及年资最高之教授一人充任之，以校长

[①]《聘任委员会议事录》，1929年，北京大学档案馆藏，资料号：BD1929008。

为主席。"① 中山大学文理学院院务会议审阅并批准实施的《教员升等审委会组织章程》，其中规定："本会设委员五人，教务主任为当然委员，其余四人由院长就各系教授提经院务会议通过后聘任之，开会时以教务主任为主席。"②

为进一步规范教员升等程序，1945 年，武汉大学成立了"教员升等委员会"，由周鲠生任委员会主席，主持制定了"武汉大学教员升等规则"七条。规则中指出："教员升等须参照服务年资、教学研究成绩、著作及学校需要而定。一般每年一系以一人为限，经院、系推荐，校长核定，升等委员会审核，呈教育部审查。"③山西大学仿照规定："在校务会议下，组织教员升等审查委员会，遵于上月下旬成立，当聘定徐代校长云生为主任委员，严教务长善甫，张院长汉三，王主任鸣九，史教授景苏等四人为委员，嗣后凡各系科主任签注申请升等各教员，应由该会负责审核，如审核尚合者，始可由学校呈部核办。"④选择各系主任为升等（聘任）委员会的委员的大抵原因有二：一方面，各系主任对于申请人的教学与学术研究情况较为了解，能够作为提请人将申请人的主要事迹向会议报告；另一方面，系主任一般具有一定的学术威望，享有较高的学术声誉，能够对申请人的研究成果进行甄别与鉴定。

三 晋升条件

大学教师晋升制度的晋升条件代表着教员申请相应职务的最低标准。据笔者查，彼时晋升的条件大抵涵盖学历、工作年限、学术著作等方面。在 1927 年《大学教员资格条例》颁布之前，由于师资短缺，各学校比较青睐于有留洋经历且在国外获得硕博士学位的学者，故在

---

① 国立四川大学：《国立四川大学教员升等普级审议委员会规程》，《国立四川大学校刊》1943 年第 15 卷第 2 期。
② 国立中山文理学院：《教员升等审委会组织章程》，《中山大学文理学院院刊》1947 年第 5 期。
③ 吴贻谷主编：《武汉大学校史（1893—1993）》，武汉大学出版社 1993 年版，第 151 页。
④ 国立山西大学：《教员升等审委会成立》，《国立山西大学校刊》1944 年第 3 卷第 1 期。

实际的评聘过程中对于留洋经历的教员较为偏重，留洋归来学者破格晋升现象也屡见不鲜。《大学教员资格条例》的颁布明确了不同职称晋级的学历条件：助教必须具有学士学位，讲师必须具有硕士学位；受聘副教授时，教员需有国外大学的博士学位。

为了突出教学经验在晋升中的重要性，浙江大学教员升等委员会将讲师条件提升为："凡得有硕士学位者，须在学术机关服务满一年以上方得升为讲师。"① 1933 年，郭任远掌校后对聘任教员规则进行了修订，强化了校长聘任教员之权，教员之选聘由"校长负责"，而非"学院院长副署"。随后制定的《浙江大学教员待遇规则》中设置了教员的等级序列，即教授、副教授、专任讲师、兼任讲师、助教五级；晋升以研究及授课成绩为标准。总体而言，彼时浙江大学教员升等对研究成果与授课实绩较为看重且晋升程序也较为严格。

根据 1936 年度武汉大学教员聘任规则可知，该校教员等级分为三级，其中教授须具有以下资格，"一、在学术上有创造或发明者；二、曾在国立大学或本大学承认之国内外大学担任教授二年以上者；讲师须具备以下资格：一、对于所担任之学科有专门著述者；二、曾在国立大学或本大学承认之国内外大学担任教授或讲师职务者；三、在国内外大学从事研究得有学位者；助教须具备以下资格：一、国内外大学毕业者；二、对于所习学科有研究成绩者。"② 另外，教授分为九级，教授自第九级至第五级起著有成绩者每二年可晋一级，直至晋升为一级教授；助教自低至高起薪，著有成绩者每年得晋一级，直至晋升为一级助教。

此外，"《国立厦门大学教员服务规程》中规定本大学专任教员分教授副教授讲师助教四级。助教须具有下列资格之一：甲、国内外大学毕业得有学士学位成绩优良者。乙、专科学校或同等学校毕业曾在

---

① 国立浙江大学：《部令：教员升等审查委员会第三次会议纪录择要（三十六年三月六、七日下午二时）》，《国立浙江大学校刊》1947 年复刊第 145 期。

② 国立武汉大学：《国立武汉大学一览　民国二十五年度》，国立武汉大学 1936 年版，第 262—264 页。

学术机关研究或服务二年以上著有成绩者。讲师需具有下列资格之一：甲、在国内外大学或研究所得有硕士或博士学位或同等学历证书而成绩优良者。乙、任助教四年以上著有成绩并有专门著作者。丙、曾任高级中学或其同等学校教员五年以上，对于所授学科确有研究并有专门著作者。丁、对于国学有特殊研究及专门著作者。副教授须具有下列资格之一：甲、在国内外大学或研究院研究得有博士学位或同等学历证书而成绩优良并有价值之著作者。乙、任讲师三年以上著有成绩并有专门著作者。丙、具有讲师甲款资格继续研究或执行专门职业四年以上对于所授学科有特殊成绩，在学术上有相当贡献者。教授须具有下列资格之一：甲、任副教授三年以上著有成绩并有重要之著作。乙、具有副教授第甲款资格继续研究或执行专门职业四年以上有创作或发明在学术上有重要贡献者"[1]。

此外，"嘉庚讲座须具有下列资历由本大学校长提出，本大学咨询委员会决定聘任之。甲、曾任国内外大学教授或具有教授资格，而在研究机关主持研究工作或专门职业界担任独当一面之工作达三年以上，负有声望者。乙、于所授之学科有创作或发明或优越之教学成绩者"。[2] 值得注意的是，根据教育部学术审议委员会精神，凡是在学术上有特殊贡献，而其资格不合于教授、副教授条件者，经教育部学术审议委员会审议，以无记名投票，有3/4委员通过，即可任教授或副教授。教员资格评定标准，首先强调一定的教学年限；其次注重专门著作。这种评定标准有助于鼓励教师提高学术水平，又保证了有足够的教师任教。在彼时大学中，许多知名的教授和副教授无不担任课堂教学任务。

---

[1] 《国立厦门大学教员服务规程》，厦门大学校史编委会编：《厦门大学校史资料》（第二辑），厦门大学出版社1988年版，第274—275页。

[2] 《国立厦门大学教员服务规程》，厦门大学校史编委会编：《厦门大学校史资料》（第二辑），厦门大学出版社1988年版，第275页。

四 提请事宜

晋升制度规定中的提请事宜主要包括晋升审查的时间限定及流程等事项。例如，浙江大学规定："本校教员升等审查手续，曾规定于六月、十二月两次办理，惟各级教员论文须先行送请校外专家评阅，略费时日，请各学院将教员升等论文尽四月十五日以前送人事组，早作准备。"① 中央大学教员升等规则规定："关于升等之审查每年六月间办理一次，以后不再补办升等之请求，至迟须于每年四月份底以前提出。"② 《国立山东大学教员聘任及服务规程》中规定："教员之升等由院长、系主任据本规程有关资历之规定于每年三个月以前具备推荐书检附专门著作提请聘任委员会核定之。会议于必要时得将有关教员升等之著作送请校内或校外专家评阅。"③ 经聘任委员会审议通过者得上报教育部审定。教师晋升的相关事宜应在每学年初前进行。山西大学规定："自三十四年一月一日起，各校教员申请升等审查资格案，凡未依照上项手续办理者，教部概不予以审查云。"④ 武汉大学则于武汉大学教员升等规则指出："教员升等须参照服务年资、教学研究成绩、著作及学校需要而定。一般每年一系以一人为限，经院、系推荐，校长核定，升等委员会审核，呈教育部审查。"⑤

值得注意的是，相较于其他大学的升等审查以"年资""著作"作为基础性审查条件，中央大学将教员每学期所授课程的学分作为其是否得以晋升的重要考量因素。特别针对主要从事"研究性工作"的教员不开设课程或不开设足够课程应该如何评判其教授资格。该情况

---

① 山舟钧等：《校闻简志：本校教员升等审查手续，曾规定于六月、十二月、两次办理……》，《国立浙江大学日刊》1949 年复刊新第 119 期。
② 国立中央大学：《本校规章——中央大学教员新聘及升等资格审查办法》，《国立中央大学校刊》1947 年复员后第 1 期。
③ 国立山东大学：《国立山东大学教员聘任及服务规程》，《国立山东大学校刊》1947 年第 21 期。
④ 国立山西大学：《教员升等审委会成立》，《国立山西大学校刊》1944 年第 3 卷第 1 期。
⑤ 吴贻谷主编：《武汉大学校史（1893—1993）》，武汉大学出版社 1993 年版，第 151 页。

包括：研究部该学期未开设相关课程或除研究部外其他单位开课却没有学生选课，副教授指导学生进行科学研究是否能够折抵学分等问题。但无论如何进行计算，该规则的初衷在于将提请升等的教师及所在系和学院是否能够证明教师保质保量地从事了教学工作视为教师晋升的考量。以教学学分为教师晋升的基本考核标准也在一定程度上将教师的"教学成果"量化为可评价的标准，间接促使教师自觉提升其教学质量。

第五节　晋升申请的审查程序

一　教员个人申请

1940年，中华民国教育部颁布了《大学及独立学院教员资格审查暂行规程施行细则》，该法案规定："各校所聘教员，未经教育部审查合格者，应于学年开始后九个月内，由校呈请审查。各校拟聘及现不在职之教员，得由学校或其本人随时呈请审查之。学校呈请或教员自请审查资格时，需呈缴下列各件：（1）履历表：载姓名、别号、性别、籍贯、生年、学历、经历、现任职务、著作、擅长科目及请予审查之等别各项；（2）毕业证书或学位证书或学历证书；（3）著作品：须印刷成品者，无著作者缺，著作甚多者得择份缴还；（4）服务证书：服务学校或机关之原聘约或任用状，其因故遗失者须有原学校机关或其主管官署查案证明之文件；（5）其他足资证明资格之文件（如服务成绩证明书等）；（6）相片：二寸半身相片三张，一张粘贴履历表上，余二张随缴。"①

彼时大学教员晋升制度适用于全体教员。通常来说，在各大学每学年规定的期限之前，教员有资格申请升等，但需要如实且详尽填写申请书并提交证明材料，后交由系主任审核。关于申请时间，上文中

---

① 《教育法令：大学及独立学院教员资格审查暂行规程施行细则》，《教育通讯（汉口）》1940年第3卷第41期。

提请事宜中已有涉猎。关于申请材料，北京大学、清华大学、北平大学、暨南大学、山东大学等都强调要填写详细的申请材料，大致包括：姓名、年龄、籍贯、学习经历、在校时间、任教科目、主要科研成果等。此外，中央大学还要求写明学分认定书。

二　系主任审核

从行政系统来看，多数大学存在教务长、院长、系主任三级职权划分。教务长主要管理日常教务行政工作与训育工作。院长分管全系人权、财权、教育事务，行综理职责。而各系教师的选拔、经费的使用、课程的设置和设备的扩充等事宜，皆由系主任拟定。在教师晋升过程中，系主任主要有以下职责：整理与审核申请人员的材料、组织部门晋升评估委员会、参与部门晋升评估、撰写部门晋升评估总结函、接受学校申诉委员会等的调查。其中，系主任影响教师晋升最直接的方式是审查申请人材料与参与部门晋升的评估。此外，系主任还负责教员晋升规则的解释与宣传工作。虽然得到系主任的支持并不能保证候选人的升迁，但在实际操作中，他们会直接或间接影响候选人的晋升结果。因此，得到部门负责人的支持对候选人的晋升异常重要。

以清华大学为例，1929年6月，《国立清华大学规程》如期颁布，该规程进一步规范了清华的学科设置，将本科文、理、法三院分为十五系，其中文学院下设中国文学系、哲学系、历史学系、社会学、人类学系；理学院有算学系、物理学系、化学系、生物学系、心理学系、地理学系、土木工程学系；法学院有政治学系、经济学系和法律学系三系。《清华学校组织大纲》中曾指出："各学系会具有推荐本系教授、讲师及教员之权。"[①] 关于系主任之任务，从相关的晋升条例中观之有三：其一，审查升等者之材料是否真实可靠；其二，检定升等者之履历是否符合晋升规程之标准，前期学历与研究成果是否达到学校

[①] 国立清华大学：《新闻：学校方面：清华学校组织大纲》，《清华周刊》1926年第25卷第3期。

规定；其三，综合考虑申请者的实际情况，决定是否推荐。又如，浙江大学在助教升任讲师时规定，"任讲授功课在一年以上而成绩优良者，得由科系主任推荐，经院长同意升为讲师"①。1934年，《国立浙江大学教员待遇规则》中规定："各系教员研究或授课成绩优异者，每年于五月间，由院长及系主任之提议，经校长之核准，得分别升级。"② 四川大学本科各系设系主任一人，由该系教授轮流担任，校长加任之，任期一年，除有特别情形外不得连任。各系主任对于该系教课及设备负规划及实施之责，得代表该系出席全校校务会议、教务会议、科教授会议及本科系主任会议，并协同学长，商承校长，聘任该系教授、副教授、助教及讲师。北京师大亦是如此。杨树达在日记中记载："民国十五年八月十八日，出席师大会议，推荐吴检斋为教授，通过。"③ 吴承仕升级为教授，需要由身为北京师大国文系主任的杨树达推荐，经过校务会议通过后方能正式确定。

三 聘任（升级）委员会审议

一般而言，系主任与院长提出教员升等意向后，该事宜交由聘任委员会主理。聘任委员会的构成人员包括主席与各常务委员，教员升等议案由参会人员采用少数服从多数的原则进行表决。例如，武汉大学聘任委员会颁布的组织章程中规定："本大学设聘任委员会审定各学院教员候补人资格事项，聘任委员会以委员长一人，委员四人至六人组成之；委员人选由校长每年就教授中拟定提交校务会议决定之。聘任委员会得随时由委员长召集，但出席人数不满三分之二时不得开议，教员候补人由校长提出，于聘任委员会依出席人数三分之二多数通过之。聘任委员出席人数因故不能满三分之二时其职务由校务会议

---

① 浙江大学秘书处出版课编：《国立浙江大学一览二十一年度》，国立浙江大学秘书处出版课1932年版，第278页。

② 国立浙江大学：《校规：国立浙江大学教员待遇规则》（二十三年九月修正），《国立浙江大学校刊》1934年第182期。

③ 杨树达：《积微翁回忆录——积微居诗文钞》，上海古籍出版社1986年版，第29页。

代行。"[1] 聘任委员会审定教员升等候补人资格时应特别注意下列几点："（1）候补人著作；（2）候补人学历；（3）候补人教课经验及成绩。"[2] 以下为1946年度云南大学聘任审查委员会委员名单、1948年度云南大学聘任委员会第一次会议记录及1948年9月21日经过聘任委员会审议后的聘函等：

民国三十五年度聘任审查委员会委员名单[3]

校长，熊庆来；教务长，何衍璿；训导长，丘勤宝；总务长，蒋蕙荪；

文法学院院长，梅远谋；医学院院长，杜棻；农学院院长，张福延；

生物系主任，崔之兰；矿冶系主任，黄国瀛；铁管系主任，李吟秋；

教授，刘叔雅、汤蕙荪、柳锦湟、范秉哲、凌达扬。

民国三十七年度国立云南大学聘任委员会第一次会议记录[4]

时间：民国三十七年九月七日午后三时

地点：机电馆三楼机械系办公室

出席人：熊庆来、黄国瀛、李吟秋、丘勤宝、张其濬、方国瑜、张福延、蒋蕙荪

主席：熊校长

---

[1] 《本大学聘任委员会组织章程》，国立武汉大学：《国立武汉大学一览民国二五年度》，国立武汉大学1936年版，第258—259页。

[2] 《本大学聘任委员会组织章程》，国立武汉大学：《国立武汉大学一览民国二五年度》，国立武汉大学1936年版，第258—259页。

[3] 云南大学、云南省档案馆编：《云南大学史料丛书——教职员卷（1922—1949）》，云南大学出版社2013年版，第36页。

[4] 云南大学、云南省档案馆编：《云南大学史料丛书——教职员卷（1922—1949）》，云南大学出版社2013年版，第312页。

记录：张福延

谈论事项：

（一）陆忠义由经济系提请晋升为教授案议决通过

（二）饶祀可否提升为讲师议决暂不升级

（三）徐绍龄由张院长文渊提请升为讲师议决暂不升级

（四）马耀光由工学院提请升为教授议决通过

（五）张文奇由矿冶系黄主任提请升为教授议决通过

（六）张言森由铁管系李主任提请升为教授议决通过

（七）工学院丘院长提请聘苗天华为教授议决通过

（八）文史系方主任提议请提升李埏、李为衡、傅懋勉为副教授案议决通过

（九）农学院农艺系段代主任提请刘玫清为教授议决，因本校资历较深且成绩表现正佳，犹未提升等，当候，将再提研议文后再提

（十）农学院张院长提议请提升余树勋为讲师议决通过

（十一）体育组杨主任提请升赵瑞林为讲师议决通过

（十二）社会系杨堃主任提请聘江应樑为该系教授议决通过

云南大学聘函[①]

下列各院经聘任委员会议决分别晋升，应即自八月起改聘书分别酌加薪额。此致。

马耀光升为教授，增为 440 元。

张文奇升为教授，增为 500 元。

李埏升为副教授，增为 320 元。

李为衡升为副教授，增为 290 元。

傅懋勉升为副教授，增为 290 元

---

① 云南大学、云南省档案馆编：《云南大学史料丛书——教职员卷（1922—1949）》，云南大学出版社 2013 年版，第 311—312 页。

赵瑞林升为讲师，增为 240 元。

余树勋升为讲师，增为 220 元。

附聘任委员会议决案一件。

民国三十七年九月二十一日

聘任委员会决议①

地点：聘任委员会于十九日下午在荣闳堂

出席人：陈石英、王达时、郁仁充、张鸿、曹鹤荪、王之卓、唐谋伯、周同广、周铭。

决议：（一）聘任细则先由教务处拟定，提出下次会议讨论；（二）下学期聘任教员，应先拟定履历表，新聘教员推荐书，升等升级申请书，提出下次会议讨论；（三）专任兼任各教员之聘书，必须先经本会通过，然后发出；（四）关于下学期休假进修教授，请周同广先生拟定各项表格，提出下次讨论。休假名额定六至八名。（五）讲座之聘任，应经本会审查；（六）特约教授以后不再设立。

除此之外，部分大学还特别成立了教员升等审查委员会负责此事，例如：

教员升等审查委员会通过三位助教升为讲师②

本校教员升等审查委员会于四月四日下午三时在教务长办公室举行第四次会议，到该会委员陈朝璧、周辨明、王亚南、朱保训、朱家炘等五人。审查化学系助教张其昕先生、庄汉卿先生及

---

① 国立交通大学：《聘任委员会决议发送教员聘书须经该会通过；聘任细则由教务处拟订，教授休假名额六至八名》，《交大周刊》1949 年第 58 期。

② 国立厦门大学：《教员升等审查委员会通过三位助教升为讲师》，《厦大校刊》1947 年第 2 卷第 2 期。

土木工程学系助教林梦雄先生升为讲师案，当经通过，送请校长办公室，转呈教育部审核云。

暨南大学也专门设立了教员升等审查委员会，专司教员晋升问题。1945年7月6日，升等审查委员会第一次会议议决："升等审查决定案须有委员会2/3多数通过才能通过；审查委员会对于教员升等与否的表决一律采取无记名投票方式；凡申请升等之教员应以国民政府教育部拟订资格为主要依据，必须严格遵守教育部高字四五三三五号训令'教员请升等审查办法四项'办理后，再提送本会。"① 彼时由院方聘请教授代表组成聘任（升等）审查委员会，审查有关教员升等加薪各事，以提高教师水平，遴选优良师资。

四　校长掌理

《大学令》规定："大学设校长一人，总辖大学全部事务；各科设学长一人，主持一科事务……大学设评议会，以各科学长及各科教授互选若干人为会员；大学校长可随时召集评议会，自为议长。"② 《大学令》所规定的评议会，权力仍然掌握在校长手中，或者分散在以校长为代表的行政人员手中。校长为一校之首领，全校成败系之。此就一般原则言之也然校长一职，既非教育行政人员，又非学校教员；则其事权必有特殊性质。分而言之，约有四项："（一）计划上之事权；（二）行政上之事权；（三）视察指挥上之事权；（四）社会上之事权。"③ 例如，1928年颁布的《国立清华大学条例》中亦规定："各学系置正教授、教授、讲师若干人，由校长得聘任委员会同意后聘任之。置助教若干人，由各学系主任商承校长、教务长同意后聘任之。"④ 次

---

① 《上海高等教育志》编纂委员会编：《上海高等教育志》，上海社会科学院出版社2010年版，第308页。
② 《法令：大学令》，《中华教育界》1913年第2期。
③ 程湘帆：《学校校长之事权与资格》，《教育杂志》1927年第19卷第5期。
④ 《法规：国立清华大学条例》，《外交部公报》1928年第1卷第7期。

年，《清华大学规程》的出台被视为对原有条例的补充，"各学系置教授、副教授、讲师若干人，由校长得聘任委员会之同意后聘任之；置教员助教若干人，由各系主任商承校长、教务长、院长同意后聘任之。"①《中山大学组织大纲》第二章教职员中亦设此规定："本大学设校长一人，综理全校校务，由国民政府任命之……本大学设教授、副教授、讲师、助教、其聘任依左列规定行之：由校长聘任；由院务会议提经校长审查合格后，由校长聘任。"②

以下是关于校长掌理的关于教员晋升个案：

致院系主任：关于各系之聘任购置调查等事项，先由系主任院长商酌复再由院长呈转送核定③

敬启考查今年本校，系教务每有因彼此相互参照办理考，聘任购置调查一等事项，先由系主任提供院长相互商酌后，再由院长核定以审查照为荐。

校长梅

校长胡庶华为之呈文④

案据本大学数学系教员萧而广填具教员资格审查履历表，连同服务证件及其著作与本校数学系主任对该员升等签请之意见书等件，送请转呈恳予升等审查前来，当经发交本校教员升等审查委员会审核通过，理合检同该员各项表件著作及系主任签请意见与教员升等审查委员会审核意见，备文呈赍

钧部，敬祈

---

① 清华大学校史研究室编：《清华大学史料选编第四卷：解放战争时期的清华大学（1946—1948）》，清华大学出版社1994年版，第169页。

② 《大学组织大纲》，张掖编：《国立中山大学现状》，中山大学出版部1937年版，第13页。

③ 《致院系主任：关于各系之聘任购置调查等事项，先由系主任院长商酌复再由院长呈转送核定》，1936年，清华大学档案馆藏，资料号：19360615 1-102，第241-242页。

④ 许康编著：《湖南大学校长评传（1897—1949）》，海南出版社2006年版，第93页。

鉴核，交付审查，实为学便。谨呈

教育部部长朱

附赍萧而广送审履历表一份。相片三张。服务证件六纸，邮票代印花费五元，著作《整数论》一本。系主任意见书一纸。升等审查委员会意见书一纸。

（全衔）校长胡庶华

五 教育部学术审议委员会审批

"九·一八"事变后不久，国联教育考察团派遣教育专家抵达上海对中国教育现状进行考察。历经数月实地调研，专家组撰写了名为《中国教育的转型》的报告。报告系统总结了彼时中国各类教育的突出问题并提出了针对性的解决方案。在高等教育领域，专家组建议教育部对高校进行有效领导，提高高校学术研究水平，包括组织全国大学协会，为教育部提供咨询服务，协会会员由大学教师、社会媒体和教育部代表组成，代表应由教育部长任命。协会的职责是向教育部提交有关大学教育所有事项的意见。

在此之后，国际联盟教育代表团的建议受到了南京国民政府教育部的采纳，教育部计划设立全国性的学术评价委员会。1938年，教育部制定了《战时各级教育实施方案》，提出了设立国家最高学术审查机构的任务。同时，还规定最高国家评审机构由教育部征求各高校和国家研究院意见后遴选学者组成。此后，教育部决定将学术评审委员会设立为全国最高的学术审议机构，且制定了学术评审委员会章程。委员会的宗旨是审查学术和文化事业，促进高等教育设施的发展。委员会的主要任务包括审查全国各高校的学术研究事项，学术研究的推广和奖励，审议大专以上院校的重大改进问题，对大专以上院校的教师资格等进行审查等。1940年，教育部颁行《大学及独立学院教员聘任待遇暂行规程》（以下简称《暂行规程》）及《大学及独立学院教员资格审查暂行规程施行细则》（以下简称《施行细则》），责令于1940年度由学术审议委员会主持办理大学教员资格审查，各专科院校教员之晋升及资格审查，也依此办理。根据《暂行规程》，各大学与独立学院的教员队伍分为教授、副教授、讲师和助教四类。各职称等级有其对应的学历、教学成绩、研究成果与服务年限。晋升人员须将学位证书、经历证明材料及专业著作等呈送学术评审委员会审查，会议通过对申请人授予相应证书，对审议不合格者，责令更正或补缴相应材料与文件。审查合格后由教育部颁发同级证书。另外，教师晋升标准也发生了调整与变化，《施行细则》相较之前的大学教师资格规定更加具体和严格。此举在制度层面上保障了积有年资、研究成绩斐然的助教与讲师能够顺利实现升等，扭转了以往教员晋升中崇尚国外学位，而本国培养的优秀教员虽任教多年且著有成果却始终未能得以晋升的不合理现象。

在审查法律法规的完善和配套方面，教育部学术审查委员会予以了最大程度的兑现。如对大学及独立学院教师资格审查的具体程序进行解释，特别是规定在学术领域作出特殊贡献，其资格不符合教授、副教授标准者，经出席学术评审委员会之委员四分之三以上表决同意，可以破格升任为教授或者副教授。从学术社会的建构上来看，学术审议委员会的建立代表着教育部拟将大学教师的学术成果纳入统一的学术标准体系。事实上，以在此之后的审查合格教员名册观之，所列栏目之详细，审查人员批次之众皆表明国家统一师资审查制度已初具规模。

以下是云南大学贵阳师范学院与教育部学术审议委员会就教师升等事宜的部分往来信件：

教育部训令（高字09517号）[①]

令国立云南大学：

　　查该校送审教员资格案内饶重庆、伍纯武、何衔璿、朱驭欧、

[①] 刘兴育、王晓珠主编：《云南大学史料丛书——教职员卷》，云南大学出版社2013年版，第305页。

杨克嵘、王赣愚、林同济、柳参坤等八员业经发交本部学术审议委员会审查竣事，兹核定各该员均合于教授资格，除证书另行填发外，所有该员等前缴之证件、著作即由学术审议委员会发还，合亟令仰知照。

部长陈立夫
民国三十一年三月十六日

呈请教育部审查高锁晋升教授事由[①]

为呈请求审查资格准予升教授事，按职自民国二十九年起任教本校，于三十一年应教员资格审查，当于三十二年奉钧部一月十五日学字第2746号训令开，兹核定高锁为副教授须服务至三十五年八月始可申请升等，现届职服务期满，请附呈学历资格证件并著作材料《强度学》一册，敬恳赐予审查升等教授，实为德便！

敬呈校长熊 转呈教育部

国立云南大学土木系副教授高锁谨呈
民国三十五年七月十二日

教育部指令[②]

（南字第985号）

令国立云南大学：

为呈送土木系教授高锁学历资格证件著作照片等祈鉴合等审查教员资格由。

---

① 刘兴育、王晓珠主编：《云南大学史料丛书——教职员卷》，云南大学出版社2013年版，第309页。

② 刘兴育、王晓珠主编：《云南大学史科丛书——教职员卷》，云南大学出版社2013年版，第309页。

呈件均悉。该员仍应补缴服务学校教员外等审查委员会意见书及系主任意见书，以凭核办证件六件，先行验还证件，暂存此令。

附还证件六件

部长朱

民国三十五年八月二十八日

呈请教育部审查缪鸾和教师资格事由①

案据本校文史学系讲师缪鸾和一员，呈缴证件、著作、相片、履历表等，请予转呈升等审查讲师资格等情，前来。查该员助教资格，前经本校呈奉钧部三十五年六月七日第三一二八号训令审完，发给第一六五二号助教合格证书在案，所请升等审查一事应予照转，理合检具该员原缴证件、著作、照片、履历表等，连同教授刘文典审查著作意见书及本校聘任审查委员会等审查意见书，各备文呈请钧部鉴核审查，示遵。

谨呈

教育部部长朱

附呈本校文史系讲师缪鸾和升等审查意见书二份，原缴聘书一件，著作《文昌大洞经会考略》《儒学的宗教化》《南中志校注序列》《云南大理洞经会考目录及序》各一份，相片两张，履历表三份，刘文典教授审查著作意见书一份，本校聘任审查委员会等审查意见书一份，署全衔名公出。

---

① 刘兴育、王晓珠主编：《云南大学史料丛书——教职员卷》，云南大学出版社2013年版，第309页。

关于各校分设教员聘任委员会及教员升等审查委员会的训令[①]

（穗高字第 8781 号）

令国立贵阳师范学院：

查专科以上学校教员资格审查，本部业于本年二月以穗学字第一六六〇号训令饬知暂停办理在案。兹为补救事实困难，各院校自行分设教员聘任委员会及教员升等审查委员会，均由教务长（或教务主任）充任主席，分别办理各该院校教员聘任及升等事宜，惟校（院）长有最后决定权。教员申请升等缴送之著作，并得送请校外专家审查。除分令外，合行令仰知照。

此令

教育部部长　杭立武
民国三十八年八月

令知该校教员范锜等十二员资格审查结果由教育部训令[②]

（学字第 25611 号）

令国立云南大学：

查该校送审教员资格案内，范锜等十二员，业经发交本部学术审议委员会审查竣事。兹核定合于教授资格者：黄昆仑、许靖、范锜、沈来秋、方国瑜、沈福彭、费孝通等七员；合于副教授资格者：郭文明、李慰慈等二员；合于讲师资格者：刘玉素、徐仁等二员；合于助教资格者：白世俊一员。又上开各员中郭文明一员原系教授，经审核改等为副教授；徐仁一员原系副教授，经审核改等为讲师，均得于任满规定教务年数后（于规程公布后任教

[①] 蒲芝权、伍鹏程主编：《贵州师范大学校史资料选辑——雪涯肇基》，方志出版社 2011 年版，第 358—359 页。

[②] 云南大学、云南省档案馆编：《云南大学史料丛书——教职员卷（1922 年—1949 年）》，云南民族出版社 2008 年版，第 231 页。

年月经此次审查合格即可合并计算），按照专科以上学校教员申请升等审查办法之规定，请为升等之审查，并得暂领支原薪。除证书应每份缴送印花费四元再行填发外，所有该员等前缴之证件著作即由学术审议委员会发还。合亟令仰知照。

此令

部长陈立夫

民国三十二年五月二十八日

1940年，国民政府教育部学术审议委员会成立促进了学术评议、审议及教员晋升过程的学理化与规范化。

第六节 晋升制度的保障体系

大学教员晋升制度的保障体系乃助力该制度得以顺利运行的一系列规章制度、政策条例的集合。以政策的制定者划分，该体系包括国家高等教育法令法规、大学学术评价制度及大学教育经费管理制度。

一 国家高等教育法令法规

民初颁布的高等教育法令法规既为晋升制度的制定提供了丰富的理论资源，又对制度的实施给予了一定的政策保障。在制定精神与理念层面，民元《大学令》冲破了"以经史之学为基"的教条思想，提出了符合现代大学发展的基本理想。其大意涵盖：不以政治"统"大学，大学应以高深学问为本，即强调大学应遵循自身的发展逻辑，承担促学术发展之任务；不以官僚"辖"大学，赋予教授在学校核心事务中的参与和决策权；不以旧学"误"大学，废除读经讲经课程，崇尚民主科学知识。在随后颁布的《大学规程》"侧重于各类学校和学制建设其目的是为了进一步规范各类高校的发展"[①]。此举于民初学科

[①] 董宝良主编：《中国近现代高等教育史》，华中科技大学出版社2007年版，第110页。

体系还未健全的形势下为大学之学科建制提供了政策依据。

1914年，教育部颁布的《教育部直辖专门以上学校职员任用暂行规程》于大学教员任职资格方面进行如下规范："凡直辖学校教员及学监主任，非专门以上学校毕业不得充任。但教员非由学校毕业而于某门学问具有专长者，亦得充之。"① 该法案为大学教员的晋升提供了宏观的政策引领，而其对于系科门类及课程设置的宏观规定又为大学延聘教员贡献了依据，即各大学可根据其办学理念与已有条件来增聘及延用教员，以形成自身独具特色的办学优势。在此政策的指引之下，各大学都形成了自身教员晋升发展的原则。如1917年，蔡元培在《复吴敬恒函》中提出了延聘教员之原则：一为"在延聘纯粹之学问家一面教授，一面与学生共同研究，以改造大学为纯粹研究学问之机关"。二为"在延聘学生之模范人物，以整饬学风"②。教育部颁布的高等教育法令也为晋升制度的实施提供了有利的政策环境。教师是学校办学的基本要素和教学活动的主体。对于如何体现大学自治的精神，确保高校师资质量这一问题，各大学采取在教育部制定的宏观政策之下，以各大学为主体根据自身师资质量、专业方向、办学层次等合理设置教员等级及晋升条件。因此，向大学校长与聘任委员会在内的专业人士与专业机构在教师晋升问题上赋权，在一定程度上是符合高等教育发展规律的。

《修正大学令》第十一条明确规定："大学设校长一人，总辖大学全部事务。"③ 显然，《大学令》将大学之用人权赋予各大学校长。此外，《大学职员任用及薪俸规程令》中规定大学职员类型包括：校长、学长、正教授、预科教授、助教、讲师等。其中，"正教授、助教延聘一年为试教时期，期满若双方同意，得订立长期契约；助教事务员

---

① 《教育部直辖专门以上学校职员任用暂行规程（部饬第六十一号）》，潘懋元、刘海峰编：《中国近代教育史资料汇编——高等教育》，上海教育出版社1993年版，第783页。

② 蔡元培：《复吴敬恒函（一九一七年一月十八日）》，高平叔编：《蔡元培教育论著选》，人民教育出版社2011年版，第81页。

③ 《法令：修正大学令（六年九月二十七日教育部令第六十四号）》，《教育杂志》1917年第9卷第12期。

均由校长延用之并汇报教育总长；职员除讲师外，不得兼他处职务。"① 除校长之外，通常情况下，大学评议会乃大学最高之行政组织。由校长为首召集各学长、教授组织评议会，该会负责审议各学科设置、教师任用等事宜。

事实上众多大学校长都将师资选聘与晋升视为践行其教育理想与推崇其教育理念的重要手段。例如，蔡元培深受德国大学精神的影响，以为大学为探究高深学问之场所，提出"学为基本，术为支干"②的原则。他按照学术分途的思想对北大屡次进行学制改革，这也引发了北大教师晋升标准的变化。这间接证明了教育部将教员管理之责向校长授权是十分必要的，人事授权乃校长进行教员体制改革的基础与保障。

二　大学教员学术评价制度

学术评价制度是指在评价学者或机构学术能力、水平、贡献的活动中，评价方所遵循的正式规则或非正式规则的总称。在大学教师晋升制度中，对教师的学术能力、水平和成绩评价往往有所言明。学术性乃大学的本质属性，它不仅作用于高校组织结构的确立和管理模式的选择，而且影响着大学教师晋升的基本原则和具体措施。故而，教师学术评价体系已成为大学教师晋升制度运行的内在保障。

正如民国学者所言："学术之风弥漫于社会而后所为教育者势顺而易举效多。而确实读欧洲教育史观其学校事业之广充，既在学术昌明以后其故可深长思也。吾国之言教育既十余年于兹，顾所谓教育者仅以学校事业当之，其所为学校事业者又仅以揣摩形式、厘订规章当之……有教育而后有学术可言亦必有学术而后有教育，可言如还无端其间实不能有轻重缓急之别。"③ 中国早期大学改革与发展的过程也是

---

① 《记闻：（甲）中央记闻：国立大学职员任用及俸薪之规定》，《教育周报》1911年第163期。
② 蔡元培：《读周春岳君"大学改制之商榷"》，《新青年》1918年第4卷第5期。
③ 余箴：《教育与学术》，《教育杂志》1913年第4卷第11期。

其学术评价体系建设的过程。无论是北洋政府时期抑或是南京政府时期，教育部皆适时出台了一系列大学宏观治理的政策法规，于各大学的办学标准、管理模式与学科形态等方面提供了政策依据，同时也对大学学术活动的发展贡献了制度性保障。例如，《学术评定委员会组织令》①《修正教育部大学委员会组织条例》② 等政策皆有对大学教员学术评价的相关规定。此外，多数大学于发展过程中逐渐设立了相应的学术评价制度。例如，于北京大学规定教师升等不仅受一定任职年限的限制，还取决于其学术成就的高低。其中，学术研究成果检定遵循如下标准：（1）研究成果仅限于学术论文或实验报告；（2）晋升讲师的研究标准相当于研究所毕业论文；（3）晋升副教授的研究，以博士学位论文水平为准；（4）提交的相关成果仅限于在校服务期间完成的研究；（5）学术研究可由升格委员会转由校内外专家审查。若教员的研究成果未能达到上述标准，则无法实现晋升，但若研究成果极为优异，其升等则可不受教学年限的限制。

在评价方式上，大学教师的学术评价通常采用同行评议或是个人撰写研究报告自我评价等方式。各评估机构的成员多由各人文、社会学科的专家学者组成。此外，众多大学研究机构都建立了学术研究报告制度，学术研究报告是学术研究者对其研究计划及过程的一种自我评价，是彼时大学学术评价活动中的一种重要评价方法。

因此，中国早期大学教员学术评价制度在规则的制定方面，限定了学术评价的对象范围，厘清了学术评价活动的界限，为教员晋升活动的开展奠定了基础。

三 大学教育经费管理制度

辛亥革命后，身为民国首任教育总长的蔡元培主张将特殊教育

---

① 《学术评定委员会组织令》，《教育公报》1914 年第 2 期。
② 《修正教育部大学委员会组织条例（十八年二月二十七日政府公布）》，《教育部公报》1929 年第 1 卷第 4 期。

经费拨入国税或国有财产作为基本经费，将普通教育经费拨入地税或地方公共财产作为基本经费。中央政府的教育职能主要集中在教育行政和高等教育方面。然而，由于军阀长期割据，中央岁入不能确保，国家财政十分混乱。中央教育经费微弱，大学经费拨款也时常拖欠。

以北大为例，蔡元培主持校务前学校主要依靠借款办学。蔡氏掌校后，办学经费危机依然存在。在赴欧美考察期间，他坚持为北大筹集经费。在教育经费极端困难的条件下，蔡氏迎难而上，坚持"北大校务，以诸教授为中心。大学教授由本校聘请，与北京政府无直接关系，但使经费有着，尽可独立进行"①。其积极推进学校体制改革，把经费用于师资与学科建设、置办学术事业、创办研究社团等活动上，从而发挥出教育经费的最大功用。例如，"1920年12月，北大评议会决定开始实行审计制度。决定教育部拨发的款项，优先发给教职员工资，其余按成拨发给各部。"② 1927年，南京国民政府宣告成立，结束了军阀长期混战的局面，自此之后迎来了"以党治国"的训政时期。1929年，国民党逐步推行"国家教育政策"，中央政府教育财政由此出现了新的局面。国民政府建立初期，中央教育经费多为临时筹措的教育专款。彼时，中央教育财政随着国家和地方税收的重新分配而调整，中央政府的教育职能也随之调整。中央财政不再用于省级教育行政部门和教育机构。除指定的省级以上特殊学校外，原国家预算拨付的学校经费，改为地方预算拨付。这一时期教育经费较之前相对充足，各大学校长也因势利导，积极吸纳并合理规划教育经费，为教员晋升管理保驾护航。

以云南大学为例，熊庆来在受任云大校长后于北平、上海、南京、重庆等地邀请知名学者来校任教。其特别强调优秀教师对学校教育质量和社会声誉的重要性。正是凭着这样的理念，熊庆来校长不断争取

---

① 蔡元培：《致北京大学学生会函（一九二三年六月二十四日）》，高平叔编：《蔡元培教育论著选》，人民教育出版社2011年版，第491页。

② 王海燕：《蔡元培时期北京大学办学经费述评》，《高教发展与评估》2006年第3期。

政府和社会的帮助，不失时机地延揽优秀人才。他认为："省大（指省立云南大学）经费，过去极为有限，较诸国立各大学，仅三分之一强，而延聘教师人才，颇感不易。"① 故主张以国家力量，促其发展，提议将省立云南大学改为国立云南大学，经多次协商，最终于1938年完成了这一转变。自此之后，云大教育经费有所增长，熊氏也于校务会议上多次讨论缩减不必要开支，增加经费用以教员聘任、晋升与待遇提升等议题，为云大教师的专业发展提供了物质保障。以下为云南大学校务会议记录中有关经费支出与教员待遇的部分内容。

云南大学校务会议记录②
1940年5月22日会议

日期：五月二十二日下午三时

地点：校长室楼下

主席：熊校长

出席人：熊庆来、李季伟、路祖焘、陶天南（路祖焘代）、林同济、吴文藻、张福延、沙玉彦、涂文、王士魁、楚图南、李炽昌、伍纯武、崔之兰（严代）、严楚江、姚碧澄、汤惠荪、徐绳祖、赵雁来、杨克嵘

记录：刘惟聪

甲、报告事项

一、主席报告

（一）二十九年度预算呈请教部增加经费情形。

（二）二十九年一至四月份经费超溢情形。

（三）本校各处院系所用信封纸张，若在可能范围内应请稍事俭省，以节开支。

---

① 熊庆来：《大谈教育方针》，《云南日报》1937年7月22日。
② 刘兴育：《云南大学史料丛书——会议卷（1924—1949年）》，云南大学出版社2010年版，第102—103页。

（四）拟编订三十年度经费预算情形。

二、徐总务长报告：

（一）拟编三十年度经费预算，若欲安定职员，增加工作效率，其职员薪金应请酌予增加，以利推进。

……

乙、讨论事项

……

二、各教职员待遇可否以年功加俸为理由，酌量增加，并入预算，呈请增加案。

议决：建立年功加俸制度，专任教员及同等职员订为每两年加二十元，其详细办法另订之。

三、教职员薪金在二百元以上者，因物价高涨，自下年度（学年度）起，每月增加二十元，二百元以下者，连津贴年功加俸，合计每月增加四十元，所需经费应即加入预算，向教部请求增加案。

议决：通过。

四、关于职员薪金、校警工役工饷及办公费等，如何增加编造案。

议决：办公费增加为十四万，职员薪金工饷等得酌量增加，其增加办法，应由总务处拟订计划，再为决定。

五、各院系图书费及仪器实验费等如何增加编列案。

议决：另列详单。散会。

在发展中，云南大学也成立了财务委员会、经费稽核委员会等组织机构，将大量经费投入到延请名师上。

云南大学财务委员会会议记录[①]

1949 年 6 月 11 日会议

日期：六月十一日下午一时

地点：会泽院三楼

主席：王树勋

出席人：邓建国、杨锡琨、张雨润、蒋韦光、李勤、李金祥、杨鹏魁、熊锡之（李慰祖代）

记录：刘谦

讨论事项

……

四、核实名册内有问题之名额应如何处理案。

议决：黄绵龄（驻沪办事员）六月份不应再领。赵法源（物理系职员）如批准长假不应再领。梅远谋、赵希哲、彭桓武六月份离校，可补五月份十元尾数。俞法峻（生物系已出国）、秦教中（最近离校）不应再领。余济康、冯建纲休假不在校者，校方尚不准领救济金，病故者理应不能领取。张继龄、仲跻鹍休假不在校者校方尚不准领救济金，故去者理应不准领取。贝麦雅美（外语系教授，惟该系送来名单中未列，应注明员工子弟学校）。周志宏（矿冶系教授，惟该系送来名单中未列，校方原册批注应聘未到校，四月份救济金已领去，以后应不列册）。实习工厂四职员（为顾及本会核实原则，领省府救济金时似应报为技工或技佐，建议学校斟酌办理）。

教师群体的薪资水平和收入分配状况直接影响着教师的职业热情。从制度的保障体系上看，彼时，部分国立大学纷纷建立了经费管理制度，这在一定程度上为教员的晋升与管理提供了保障。

[①] 刘兴育：《云南大学史料丛书——会议卷（1924—1949 年）》，云南大学出版社 2010 年版，第 318 页。

第四章

大学教师晋升制度的实施

制度始于规定，成于执行。实施不仅是制度运行系统的当然构成，而且对于增强或削弱制度本身也具有深刻影响。大学办学理念下的教师晋升规则是制度实施的先导，在大学的发展进程中，教师晋升的规则与办学理念密不可分。伴随着中国早期大学发展与管理的现实需要，以北京大学为首的三所大学为了提高大学学术研究与教学质量，调动教员积极性，分配有限的资源，各自依据其办学理念设计并建立起适合本校发展的教员发展的晋升制度。

第一节 北京大学的教师晋升制度

一 办学理念与教师晋升原则

北京大学自前身京师大学堂建立之初，便确立了其在中国高等教育体系中的特殊地位，这种特殊性与它乃清末学部成立前负有监管全国教育发展责任的历史有着密切关系。大学堂初设时定办学宗旨为："以谨遵谕旨，端正趋向，造就通才。"[①] 1899年，义和团运动爆发，学堂被迫关闭。八国联军侵华后，清政府决心实施"新政"以促改革。1902年，京师大学堂得以复学，张百熙重订大学堂之计划："大学堂理应法制详尽，规模宏远，不特为学术人心极大关系，亦即为五

[①] 《奏定大学堂章程》，舒新城编：《中国近代教育史资料》（中册），人民教育出版社1981年版，第572页。

洲万国所共观瞻。"① 彼时大学堂虽也仿效西学建制，但其"中体西用"的办学宗旨、"政教合一"的管理传统及"辅以吏官"的培养目标根深蒂固。对此，美国学者魏定熙以为："京师大学堂无疑享有很高的声望，但是这种声望主要来自学位的授予以及该校与朝廷间千丝万缕的联系，而不是来自于对学术自由下的知识氛围的充分肯定。"② 时至蔡元培初掌学校之时，北大的发展状况仍不能令人满意。

早在民国成立时，教育部就将大学教育之办学宗旨与教授高深学术、养成硕学闳才、服务国家需要相联系，而另设专门学校"不与大学相衔接""使并无大学志愿者贸焉入学"③。蔡元培也在就职演说中提出，就学专门学校而有具体的职业倾向，是势所必然。蒋梦麟承继其师之余绪，继续注重和发扬北大之精神。蒋氏认为："文明之进步，赖自动的领导，赖高等教育之思想及言论自由以养成之"④。在他看来，西洋学术发达与学术自由关系极大。鉴于此，蒋梦麟提出："凡任大学教员者，宜有思想自由、学说自由之权利。"⑤ 这也明确了大学应作为研求学术与培养开明人才的殿堂，而不是培养高级官僚的养成所。

基于此，北京大学的教师晋升制度以革新封建旧制，摒弃教师"做学为官"的风气为己任，将北大打造为全国最高文化中心为基本出发点。为实现此目标，学校逐渐形成了以下教师晋升原则：

一为"积学"，即强调教员于学术之造诣。大学以学术研究为纲。蔡元培曾赴德国留学，亲身体会到比之中国的书院式教育满足于"传道、授业、解惑"，德国式现代教育的先进之处，但他并不鄙薄中华文化独特的价值，主张以西式的学术研究来提炼西学与国学二者的精华。蔡元培认为："广延积学与热心的教员，认真教授，以

---

① 张百熙：《文学小史：奏办京师大学堂情形折（未完）》，《选报》1902年第9期。
② ［美］魏定熙：《北京大学与中国政治文化（1898—1920）》，金安平等译，北京大学出版社1998年版，第8页。
③ 《附录：教育部拟议学校系统草案（附表）》，《教育杂志》1912年第3卷第12期。
④ 蒋梦麟：《过渡时代之思想与教育》，商务印书馆1933年版，第446页。
⑤ 蒋梦麟：《过渡时代之思想与教育》，知识产权出版社2018年版，第269页。

提起学生研究学问的兴会。"① 于大学者须择以是学问为业者为其师，故而延聘教员，不仅要坚持学术标准，于学术研究尤有兴趣，并且能够激发学生的研究兴趣。由此可知，蔡氏带领下的北大对教员晋升"积学"一事标准之高，要求其不仅新知深沉，更求旧学深邃。

二为"善教"，即对教员日常讲授之准则。蔡氏早先于《教与学》一文中提及教员教学之关系，一则其反对教而不学，即无心于学问，像教书先生一般永不修增讲授，重复枯燥的内容；二则否定学而不教，即虽一心修研学问却不谙讲授之道；三则更批判不教不学，即对任教科目未曾有深刻理解与精深研习，又不谙教法之徒。由此，其倡导教学与学术研究相统一并对教员抱有以下期许：希望广大教师不仅要学教学方法，而且要继续研习所教的科目；运用最新的理论，选取最有效的方法，使学生对每一个科目都有具体的概念，以便进一步研究。通过对学科与教法的钻研，从'教而不学'到'既教且学'；"从'学而不教'到'既学且教'；从'不教不学'到'又教又学'"②。可见，蔡元培将北大教员是否具有增进研习之兴趣与拓展研究之心得视作其晋升的必备条件。

三为"热心"，蔡元培曾于北大开学典礼上对教员提出期许，学校今后之延聘教员，须委任专门人才并要情愿献身于教育。蔡氏认为，教育之于学生，并非仅限于学术之传授，更负有人格养成之义务。"查本校聘设教授之意，要不外欲受聘者专心致意于功课之讲授，及学术之研究，此意至善，亦即任教授者之所乐于从事者也。"③ 与此同时，他还对教师任用与晋升上的师德标准提出相应要求。具体言之，教员应坚守人格自尊，不诱学生使其堕落，并养成学问家之人格。

---

① 蔡元培：《我在教育界的经验》，《大美周报》1940 年第 45 期。
② 蔡元培：《教与学》，《教与学》1935 年第 1 卷第 1 期。
③ 蔡元培：《提议〈教员保障案〉（一九二二年二月十一日）》，高平叔编：《蔡元培教育论著选》，人民教育出版社 2011 年版，第 382 页。

二 教师晋升的实践概况

（一）晋升制度生成的背景

1912年，严复出任京师大学堂总监督一职。于教员任用与延聘之问题，严氏以为："至所聘教习，如非万不得已，总以本国人才为主。其聘请之法，择选本国学博与欧美游学生各科中卒业高等而又沉浸学问无所外慕之人，优给薪水，俾其一面教授，一面自行研究。"① 这对彼时盲目崇拜洋教员的恶劣风气，不失为一记有力的打击。但在办学过程中，由于严复与桐城古文派千丝万缕的学缘关系，其当权时，包括文科学长姚永概等大多身负要职的文科教员皆由桐城派中选任，且合并至文科的教员仍以彼时业已考取科举功名者居多。

胡仁源掌校政时，在拟定北大发展的计划书中提出："大学设立之目的，除造就硕学通才以备世用而外，尤在养成专门学者。"② 故提出延请教员要慎选人才；国家对于教员，尤宜格外优遇，以养成社会尊尚学术之风；教员任课宜就所学，不宜过多，不复更易。由于胡仁源为北大延聘了一些教员，新教员的引入使北大的学风尤其是文科学风发生了一些变化。例如，胡仁源命夏元瑮和夏锡祺分别任理科和文科学长，并延请了章太炎一派学者如黄侃、马裕藻、沈兼士等，上述学者与胡适经历相似，曾去往欧美国家或日本深造，以学术谱系察，实属"新一代"学者，但确未皆能合于教育部之用人标准。此类情况的出现，固然与彼时留学归来知识分子群体还有待适应民初国内社会转型相关，却也与其时教育部和北大中浙江籍人士势力之强劲不无关系。尽管北大此时无论在规模或其他方面已具有向现代大学迈进的基础，但由于深受政治干扰与缺少明确的理念方向，北大的办学活动仍旧停留在旧式大学的水平。

---

① 严复：《分科大学改良办法说帖》，吴晓明主编：《复旦先贤教育思想论集》，生活·读书·新知三联书店2021年版，第50页。

② 胡仁源：《北京大学计划书》，朱有瓛主编：《中国近代学制史料第3辑 下》，华东师范大学出版社1992年版，第59页。

1917年，蔡元培就任北大校长。适逢北洋政府教育部颁布《大学职员任用及薪俸规程令》。按照规程精神，教师晋级标准大抵参照授课时数、讲授成绩、学科性质、研究著述与发明及社会声望等。从上述标准可知，多项标准皆涉及教学，这表明彼时较为看重教师传道授业解惑的责任。事实上，教育部仅给予了各大学教师晋升可参考的宏观标准，具体的决定权仍在校长，校方有权先行聘任或晋升教师，后上呈教育部报备即可。

细审蔡氏用人之道，由于大学是研究学理的机关，对于教师来说，也不是"注水入瓶，注满就完事"，而是热心于研究且能激发学生研究的兴趣。在他的倡导下，北京大学逐步建立了教学与科研并重的教员晋升制度。

(二) 晋升制度制定的主体

由教员晋升制度制定的主体观之，彼时校长主导的评议会掌握着极大的权力。例如，1918年，在蔡元培主持下，评议会制定的《国立北京大学规程》中规定"正教授、副教授延聘以一年为试教时期，期满若双方同意得订立长期契约；正教授、本科教授、预科教授、助教、讲师、外国教员晋级与否，由校长参酌下列各项情形定之：教授成绩，每年实授时间之多寡，所担任学科之性质，著述及发明，在社会之声望"[①]。可见，该规程基本延续了部令《大学教员任用及薪俸规程》的基本精神与内容。1918年，评议会通过了《教员延聘施行细则》，其中规定："教员之延聘及解约由学长掌理之；延聘正教授、本科教授、预科教授、讲师均用聘书。"[②] 对此，周作人回忆道："按照北大旧例，教授试教一年，第二学年改送正式聘书，只简单的说聘为教授，并无年限及薪水数目，因为这聘任是无限期的，假如不因特别事故有一方预先声明解约，这便永久有效。"[③] 于学校恐怕照先前之办法致使有无赖之人手持无限期聘书，学校欲与之解约，其硬不肯走，故之后方改

---

① 《国立北京大学规程 民国七年最近改正》，国立北京大学1918年版，第25页。
② 《本校布告一：评议会通告 附教员延聘施行细则》，《北京大学日刊》1918年第150期。
③ 黄恽：《燕居道古》，新星出版社2014年版，第47页。

规定为一年发放一次聘书。在这一时期，教员的晋升基本以延聘为主，不同职务的教员在延聘过程中可根据劳绩提升等级，增加薪俸。

1920年，北大评议会下设的"北京大学职员待遇规则草案委员会"对教员晋升内容进行了细化，制定了北京大学职员待遇规则，其中对教员升级的相关事宜进行了如下规定：

北京大学职员待遇规则草案[①]

一、职员年功津贴规则

（一）校长　支最高级薪俸以后，服务继续三年以上确有成绩者，每年得津贴五百元；继续六年以上者，每年一千元。

（二）学术部分　本科教授支最高级薪俸以后，服务继续三年以上，确有成绩者，每年得津贴三百元；继续六年以上者，每年六百元。预科教授支最高级薪俸以后，服务继续三年以上，确有成绩者，每年得津贴二百元；继续六年以上者，每年四百元。助教支最高级薪俸以后，服务继续三年以上确有成绩者，每年得津贴一百元；继续六年以上者每年二百元。

……

二、职员及书记晋级规则

（一）校长　晋级由教育总长定之。

（二）学术部分　教授助教之晋级，于每年四月举行一次，晋级人员由校长提出，并交教务会议讨论议复，最后由校长决定之。晋级实行期以各本年九月份为始。

附则　凡关于事务部分之助教其晋级由总务委员会讨论议复。

……

（四）各系主任及总务委员之晋级由校长决定之，不交讨论。

（五）晋级以学术、勤劳及服务年限为标针，惟在校不满一

[①] 王学珍、郭建荣主编：《北京大学史料（1912—1937）》（第2卷，上册），北京大学出版社2000年版，第490—491页。

年者不得晋级。职员非连续任职一年不得进一级。

该规定一直沿用至1946年抗战结束北大返回北平复校。1947年，北京大学通过了《本校教员升级办法》与《北大关于教员升级的有关规定》。

本校教员升级办法[①]

第六十四次行政会议议决

一、教员升级之推荐，除服务年资外，应根据学术研究之成绩。

二、关于年资之计算如下：

（一）助教改任讲员，须在服务满二年后。

（二）助教或讲员改任讲师，须在服务满六年后。（助教讲员服务年限合并计算）

（三）讲师改任副教授，须在服务满三年后。

（四）副教授改任教授，须在服务满三年后。

（五）在同等学校从事同类工作之年资，得合并计算。

三、关于学术研究成绩之标准如下：

（一）研究成绩以有学术性之论文或实验报告为限。

（二）改任讲师之研究成绩，以相当于研究所毕业论文为标准。

（三）改任副教授之研究成绩，以相当于博士论文为标准。

（四）上项研究成绩，以在原级服务期间完成者为限。

（五）学术研究成绩得由升级委员会转请有关学科之校内外专家审查之。

四、教员服务届满规定年限，而研究成绩未达前项标准者不

[①] 王学珍、郭建荣主编：《北京大学史料（1946—1948）》（第4卷），北京大学出版社2000年版，第114页。

得升级；但研究成绩特优者，亦得不受年资之限制。

五、教员升级之推荐，由系主任、院长于每年五月底以前向升级委员会提出。

（三）晋升制度的基本内容

据查，蔡元培时期北大教员晋升须参考以下因素。

之于教学，教员在晋升评定时，教学的数量与质量需兼顾。自蔡元培掌校后，学校参照西方大学的规章组织制定了《教员上课钟点的规定》，明确北大教员分为专任教员与兼职教员两类，专任教员分为教授与专任讲师，凡教授要开三门课，只任一门课的，则为专任讲师；兼职教员称为"兼任讲师"，包括外校教授或于北大兼授一门课的教员。1921年，校评议会审议通过了《北京大学待聘人资格之标准》，其中规定，"本校教授须满足以下两项条件，其一，专习本学科或虽非专习但于本学科有突出造诣者；其二，不在除教育外其他机关任职者"[1]。故20世纪20年代初，鲁迅在北大讲授中国小说史一门课，按北大的规章，只能聘为兼任讲师。任继愈在《念旧企新》一书中曾回忆，著名哲学家熊十力经蔡元培介绍到北大哲学系，入职时也是给予专任讲师头衔，每月薪水一百二十元，这个"讲师"职称一直持续到他离开北京为止。彼时清华大学的知名教授张申府、金岳霖都曾在北大哲学系兼课，名号也是"兼任讲师"。

之于科研，民初，教育部赋予各校校长相当充分的人事任用权，教师的资格已从有留学背景转变为强调学以致用。然而，由于彼时出版的学术期刊寥寥无几，学术界也未能形成较为一致的评价标准。因此，对学历的审批还是因校而异，大学教师的选拔任用大多取决于校长的个人评价。教员晋升根据其自身的学术造诣并非其出身、学历及所发论文的数量。例如，1916年，梁漱溟虽只有中学学历，因其将自己对印度哲学领域的研究所著成的《究元决疑论》发表于《东方杂

---

[1] 《评议会议事纪录1921.10.18》，1920年，北京大学档案馆藏，资料号：BD1920002。

志》，引起了蔡元培的关注。通过与文科学长陈独秀之商议，蔡氏破格晋升仅有中学毕业文凭的梁漱溟任北大讲师①。

值得注意的是，之于用人之事，"社会声望"也能成为一种晋级的标准。蔡元培还曾致函吴稚晖："大学之所以不满人意者，一在学课之凌杂，二在风纪之败坏。救第一弊，在延聘纯粹之学问家……救第二弊，在延聘学生之模范人物。"② 在北大之办学实践中，无论是蔡元培招揽陈独秀，抑或是蔡、陈二人聘请胡适等学人，不仅限于学术上兼容并包之考量，更是以援引社会之思想先进、致力于改革中国教育文化、破除社会旧习之能人志士整饬学风。正因如此，北大才破格晋升了诸多"新派"人物。例如：蔡氏在翻阅陈独秀主编的《新青年》后，视陈独秀为青年的指导者并给予其教授头衔，随后命其为文科学长。另一位文学大家吴虞曾留学日本，回国后担任成都中学教习一职。五四运动时，他批判儒学，揭露吃人的"礼教"，被胡适誉为"四川只手打倒孔家店的老英雄"，遂被北京大学破格晋升为教授。

1917 年，教育部颁布的《国立大学职员任用及薪俸规程》对于教员年功晋级作如下规定："校长、学长非连续任职二年不能晋一级；正教授、教授、助教、图书馆主任、庶务主任、校医、事务员非连续任职一年不能晋级，晋级与否由校长参酌以下各项情形定之，（甲）教授成绩（乙）每年实授课时间之多寡（丙）所担任学科之性质（丁）著述及发明（戊）在社会之声望。"③

---

① 早前已有研究中提及梁漱溟为蔡元培所聘入北京大学时都曾提及其"投考北大落选"一事。事实上，梁漱溟当年并未报考北京大学。另外，梁漱溟被聘进北京大学时的身份为讲师，而非教授。1942 年，梁先生在为蔡元培先生逝世两周年所作《纪念蔡元培先生》一文中曾有过澄清："近年四川报纸有传我初投考北大未见录取，后乃转而被聘为教授者，非事实……那时蔡先生以讲师聘我，亦非教授。"

② 蔡元培：《复吴敬恒函》，高平叔编：《蔡元培教育论著选》，人民教育出版社 1991 年版，第 79 页。

③ 中华民国教育部：《国立大学职员任用及薪俸规程（部令第三十号，六年五月三日）（附表）》，《教育公报》1917 年第 4 卷第 8 期。

事实上，蔡元培"不拘一格降人才"的背后有着基于学理的考量。出于对西方大学教授资格的认知，蔡氏入主北大之初，深刻地感受到彼时的本土学者几乎没有一个能够胜任名副其实的正教授职务。因此，学校不得不聘请合格的外国学者担任正教授，其薪俸也按照教授中最高规格支付，高于本科及预科教授，例如：地质学专家葛利普，梵文文学家钢和泰等薪俸都达到400银圆左右，而理科三级学长兼教授的夏元瑮，月薪为350银圆。①

蔡元培执掌北大期间，虽有教学工作年限的"规矩"，但在校长的许可下，年资的硬性规定会让位于学历、名声、学术研究等因素。例如：1917年，胡适26岁时，陈独秀致信告，蔡元培已接任北京大学校长，陈独秀力荐胡适前往北大。"此时无人，弟暂充乏。孑民先生盼足下早日归国，即不愿任学长，校中哲学、文学教授俱乏上选。"②"是月，完成博士论文的写作，文题《中国古代哲学方法之进化史》，此文从去年8月起属稿，9个月始完成，长约9万字。"③ 9月，北京大学举行新学年开学礼。胡适演讲《大学与中国高等学问之关系》。10月开始任教，任英文学、英文修辞学及中国古代哲学三科，每周12学时。"而胡适最初的教授级别，只是大学教授中第二等第八级月薪为260银圆（约合1995年人民币15000多元）。然后晋升为本科二等第七级，月薪为280银圆。"④

1927年，南京国民政府颁布了《大学教员资格条例》，明确了教员助教—讲师—副教授—教授的职务序列，并对教员升级标准进行细化，副教授晋升教授服务期限须达二年以上；讲师晋升副教授服务年限须达一年以上，且教学成绩优异，助教晋升讲师同样如此，服务年限须达一年以上且于教学之上卓有成绩。根据《大学教员资格条例》和《大学教

---

① 陈明远：《蔡元培主持北京大学期间的教员资格和薪俸标准》，《社会科学论坛》2011年第3期。

② 陈独秀：《陈独秀致胡适》，中国社会科学院近代史研究所中华民国史组编：《胡适来往书信选 上》，中华书局1979年版，第6页。

③ 耿云志：《胡适年谱》，四川人民出版社1989年版，第57页。

④ 陈明远：《文化人的经济生活》，陕西人民出版社2013年版，第155页。

员薪俸表》的相关规定，北大于1917年设置之"正教授"职务正式改为"教授"；原设置之"本科教授"职务改为"副教授"，原设置之"预科教授"职务改为"讲师"。较先前大学教师等级晋升规定而言，新规定对服务期限、教学成绩、科研成果方面都有所要求，但却没有实行严格量化。该条例区分了不同职称升级的具体年限，仅对"特别成绩"的标准略显笼统。此外，在各大学教师晋升审定中由校长主导逐步转变为由学术委员会共同商定。

1930年12月，蒋梦麟正式掌理北大并依据国民政府《大学组织法》之精神，提出北大"教授治学、学生求学、职员治事、校长治校"的十六字方针，全面改革北大的行政制度。值得一提的是，在原有制度的基础之上，蒋梦麟对教员的授课时数进行了更加严格的规定。1931年，蒋氏主持撤销了教授保障案，着手实施教授专任制度，即任教授者必须以专任为原则，在他校兼课较多者，改为讲师，新任教授与学校初次签订聘约为一年，之后续聘订以二年计，于聘约期内不得罢课或中途他去；增加专任教授薪俸并适当减少其授课时数。此举扭转了教授次年续聘后即无任期限制的规定，促进了教授群体的稳定。

1931年，北大又增设"研究教授"一职。该职务资格以对于所任学科之学术有贡献，成果以著述或实验为标准，"研究教授"又分为"讲座教授"和"专任教授"两种。[1] 彼时周作人、徐志摩等就因研究成果颇丰且教学认真而顺利晋升为研究教授。该规定一直沿用至1946年抗战结束北大返回北平复校。表4-2所示为北京大学1947学年度第一学期的教员情况。

---

[1] 刘筱红、金柯：《追求卓越坚守自由——北京大学校长胡适》，山东教育出版社2012年版，第193页。

表 4-2　　　　北京大学 1947 学年度第一学期教员数简表①

院别		教员数								助教	其他特聘		内兼任职员者
		共计		教授		副教授		讲师					
		计	专任	兼任	专任	兼任	专任	兼任	专任	兼任		专任	兼任	
总计	计	765	678	87	199	2	64		113	85	302			
	男	651	572	79	184	2	55		94	77	239			
	女	114	106	8	15		9		19	8	63			
理学院	男	111	106	5	32		8		18	5	48			教授一人兼教务长
	女	15	15		3		2		2		8			
文学院	男	127	102	25	41	2	12		21	23	28			教授一人兼教务长，副教授一人兼校长室秘书，教授一人兼训导长
	女	26	22	4	4		2		6	4	10			
法学院	男	49	46	3	28		3		5	3	10			讲师一人兼秘书处秘书
	女	1	1								1			
农学院	男	112	102	10	19		11		20	10	52			
	女	5	5		1		2				2			
工学院	男	114	84	30	20		8		9	30	47			讲师一人兼秘书处秘书
	女	16	14	2	1		1		2		10			
医学院	男	138	132	6	44		13		21	6	54			副教授一人兼秘书处秘书
	女	51	49	2	6		2		9	2	32			

伴随着国家学术事业的发展，复校后，北大以济济多士，萃集一堂，研究学术，砥砺德业的优良传统得到了进一步继承与发扬。1947年，北京大学成立的评议会下设的行政会议审议通过了《本校教员升级办法》与《北大关于教员升级的有关规定》。北大设立教员升等委员会并出台了相应的教员升级规定，既促进了大学内部管理制度的完善，也对学术研究在教员晋升中的重要性进行了制度性确认。

---

① 王学珍、郭建荣主编：《北京大学史料（1946—1948）》（第 4 卷），北京大学出版社 2000 年版，第 220 页。

（四）晋升申请的核准程序

在北大聘任委员会成立前，教员的晋升一般以改发聘书的形式予以确认，校长及评议会根据相应的年资与学术成果对申请者进行专业技术职务的重新认定，并延聘其担任更高一级专业技术职务。1919年，北大设立专门聘任教员的组织机构——聘任委员会。该会委员以各科选拔的教授为主，经学校评议会审定通过。据史料载，北大首届聘任委员会委员九人，其中"俞同奎为委员长，其他委员为马叙伦、马寅初、宋春舫、蒋梦麟、陶履恭、顾兆熊、黄振声、胡适"[①]。以从属学科来看，文、法科各系教授占据绝大多数，其中法科教授四人，文科四人，理科一人；从职务构成来看，委员包括时任教务长马寅初、总务长蒋梦麟，四位学系主任及三名普通教授。由此可见，聘任委员会委员的选拔兼顾到不同学科、学系的教授，具备同行评议的专业性，有利于北大选聘学有专长的教授，尽可能地避免因专业局限或个人判断造成延聘人才的失误。诚如马叙伦在回忆北大行政制度时所言："评议会是北大首先倡办的，也就是教授治校的计划，凡是学校的大事，都得经过评议会，尤其是聘任教授和预算两项。聘任教授有一个聘任委员会，经委员会审查，评议会通过，校长也无法干涉。"[②]（部分聘任委员会记录见附录）

1940年后，随着教育部学术审议委员会的成立，教员升等的评审权不再仅限于大学内部，大学教员的晋升授予权归于教育部。这也促使北大形成了一套教员晋级的规范程序，即个人申请——学系主任推荐——聘任（升级）委员会审议——校长函聘——教育部学术审议委员会审议。

以下是北大教员部分个人提交的晋升审核材料。

[①] 王学珍、郭建荣主编：《北京大学史料（1912—1937）》（第2卷，上册），北京大学出版社2000年版，第159页。

[②] 马叙伦：《我在六十岁以前》，生活·读书·新知三联书店1983年版，第66页。

北京大学农学院张鹤宇申请晋级副教授的个人经历、经历等材料；李维恩申请晋级讲师的个人学历、经历等材料[①]

张鹤宇

学历：陆军兽医学校毕业，民国二十八年；

日本帝国东京大学农科研究院毕业，民国三十四年；

经历：临时大学农学院副教授，民国三十四年至三十五年；

北大农学院讲师，民国三十五年至今，在本校研究骆驼之解剖，已完成神经系及血液循环系两部著作，申请晋级副教授。

李维恩，兽医学助教

学历：辅仁大学生物系毕业（民国二十八年）辅仁大学生物研究所硕士（民国三十一年）

经历：辅仁大学助教（民国二十八年至三十四年）

临大助教（民国三十四年至三十五年）北大农院助教（民国三十五年至今）

论文：

《The effect of hunger on the activity of the theriogenology glands》申请晋级讲师

北京大学农学院畜牧系吴仲贤为本系助教，杨胜拟晋级为研究助教致余院长的公函及杨胜的履历、著作、工作情况[②]

敬启者畜牧系助教杨胜系于1942年在西北农学院毕业，杨君现除担任动物营养实习外并进行华北饲料之研究。已分析者有华北牧草，北平市豆渣粉渣药总豆粉。现正进行者有华北野草消化

[①]《北京大学农学院张鹤宇申请晋级副教授的个人经历、经历等材料；李维恩申请晋级讲师的个人学历、经历等材料》，1948年，北京大学档案馆藏，资料号：BD1948405。

[②]《北京大学农学院畜牧系吴仲贤为本系助教，杨胜拟晋级为研究助教致余院长的公函及杨胜的履历、著作、工作情况》，1948年，北京大学档案馆藏，资料号：BD1948406。

试验，此外杨君并指导四年级同学论文，因指导教授沈同先生实际上不能常来，也根据杨君毕业年限，工作成绩，工作性质俱合晋级为研究助教，兹特附上杨君详细履历一纸，准予晋级以资鼓励并利工作进行。

此致俞院长钧鉴
吴仲贤谨启
六月二十五日

附一：杨胜，男，二十九岁，江苏苏州人，1938 年江苏省立苏州中学毕业，1942 年西北农学院毕业，1942 年—1943 年陆军医学校化学系助教兼陆军营养研究所所员，1943 年—1947 年中央大学医学院生物化学系助教，1947 年至今北京大学农学院畜牧系动物营养助教。

著作：

（1）《骨粉骨炭中钙之利用率比较》

（2）《成都蔬菜中磺质之分析》

现进行工作：

（1）编著动物营养学实验教程

（2）与沈同教授合译《动物营养学》

（3）指导毕业同学论文（实际代沈同教授指导者）

（4）进行华北牧草与饲料分析，已分析者有豆粉、豆渣及牧草数种

（5）现正进行 vitamin deficiency 试验及野草消化试验

1948 年北京大学农学院陈锡鑫为助教哈贵增、助教邓禄曾请升为讲员分别致俞院长的公函附履历表[①]

助教哈贵增研究北平之枣及杏，已完成枣品种之研究，枣结

---

① 《1948 年北京大学农学院陈锡鑫为助教哈贵增、助教邓禄曾请升为讲员分别致俞院长的公函附履历表》，1948 年，北京大学档案馆藏，资料号：BD 19480401。

果习性之观察，枣花粉生理之研究，杏落花之观察及叶面积与果实发育之关系等，枣为我国独有之果树，消费之普遍，果树中无出其右者，但中外间于枣之知识均急缺之，又中国北部之杏极为重要，至今未被国内园艺家所注意，而普遍除做鲜果外，由杏仁可榨取做橄榄油。同实之油及蒸馏安息香醛及制成含蛋白脂肪甚之食品核制成活性炭，战前即有每年七千吨左右，苦杏仁输往欧洲以代替苦扁桃仁之两种果树，哈君在继续采集资料之中除研究工作之外尚授果树方面之课程，管理园艺场工作繁重颇为努力，应请升为讲员以资鼓励。

致余院长
陈锡鑫谨启
三十七年六月二十九日
附履历表一份

升为讲员以资鼓励

姓名：哈贵增

籍贯：河北大兴

学历：沦陷区北大农学院毕业　三十一年七月

沦陷区北大农学院助教　三十一年七月至三四年八月

北平临时大学第四分班助教　三四年十月至三五年八月

北京大学农学院助教　三五年八月至三七年八月

助教邓禄曾在静生生物调查所研究河北之野生观赏植物已完成记载图谱二百余幅，本年秋季可成卷付印，该项工作将为观赏植物研究之基础，因野生植物之改进，新旧种间之交配、变种间系统分类均将依此为例。邓君毕业后服务已满工作七年，工作颇为努力，请升为讲员以资鼓励。

民国三七年 俞院长
陈锡鑫谨启
附履历表一份
三七年六月二九日

姓名：邓禄曾

籍贯：四川江津

学历：中央大学农学院毕业 三一年六月

经历：重庆示范农场主任兼农科专任教员 三一年七月至三二年一月

第十兵工厂农场第四分场主任 三二年一月之七月

奎新农场场长 三二年七月至三五年八月

北京大学农学院助教 三五年九月至今

升级委员会第一次审议通过升级人员名单[1]

（一）土木工程学系副教授徐愈改教授

（二）园艺学系助教哈贵增改讲员

（三）园艺学系邓禄曾改讲员

（四）畜牧学系助教杨胜改讲员

（五）兽医学系助教申宝苏改讲员

（六）兽医学系研究助教李维恩改讲师

（七）牙医学系副教授胡郁斌改教授

（八）生物化学科助教郭成才改讲员

（九）卫生学科助教王锦江改讲员

（十）内科住院助理医师李秀琴改讲员

（十一）内科助教翁心植改讲员

（十二）物理学系助教郭沂曾改讲员

（十三）史学系助教杨翼骧改讲员

（十四）中国语文学系研究助教王达津改讲师

（十五）中国语文学系助教刘禹昌改讲员

（十六）药理学系讲师全慈光须补缴研究成绩

---

[1]《升级委员会第一次审议通过升级人员名单》，1948年，北京大学档案馆藏，资料号：BD1948146。

（十七）药理学系讲员王咏须补缴研究成绩

（十八）外科讲员朱满余须补缴研究成绩

（十九）耳鼻咽喉科讲师胡善生须补缴研究成绩

（二十）地质学系研究助教董申宝出国缓议

（二十一）小儿科讲师赵锡祉缓议

从北京大学的案例看，大学教师晋升在发展中逐渐实现了制度化，表现为制定了较为严格的教师晋升标准，设立了由学术同行专家组成的聘任（升等）委员会，实施了公平合理的晋升程序。由此，晋升评审权力实现了由校长独揽向由学有专长之人士集体决策的转变，晋升制度也得以进一步完善。

三 教师晋升的个案探析

贺麟，字自昭，1902年生于四川金堂杨柳沟一个乡绅家庭，年幼深受儒学熏陶，以宋明理学尤甚。贺麟八岁入私塾，十三岁小学毕业，1917年入省立成属联中石室中学，主学宋明理学。五四运动后，他考入清华学校，受梁启超、吴宓等国学大师学术思想影响，曾写《戴东原研究指南》，发表在1923年12月的北平《晨报》副刊上。[①] 1926年7月，他毕业于清华学校高等科。8月，赴美国奥柏林大学学习。1926年至1930年，贺麟于奥柏林大学及哈佛大学深造，研究方向为西方哲学特别是黑格尔哲学，先后获学士学位和硕士学位。为进一步研读黑格尔哲学，其远赴德国于柏林大学潜心深造，这也为其研究古典哲学尤其是黑格尔哲学奠定了基础。

1931年9月，贺麟取道莫斯科，经西伯利亚回到北平，彼时四川大学拟聘请其担任教授，但其因向往北京大学这块科学和民主的阵地，毅然放弃了川大的橄榄枝，后由杨振宁的父亲、著名数学家杨武之推荐，受聘于北京大学。因贺麟具有国外硕士学位，符合北大晋升副教

---

① 四川省金堂县志编纂委员会编：《金堂县志》，四川人民出版社1994年版，第942页。

授的资格，但因当时副教授职位已满，故暂被聘为北京大学讲师，讲授西方哲学史、黑格尔哲学等课程。1932 年，贺麟晋升为北大副教授，其薪俸为 300 元，后为 320 元。抗日战争爆发，贺麟随迁至昆明，在西南联大任教时，其曾先后发表了《新道德的动向》《抗战建国与学术建国》等学术论文。据统计，1932 年至 1934 年间，其在《大公报》《清华周刊》上发表诸多学术论文与著作，在学术翻译上屡有建树，颇有声望，引起了强烈反响。

在日常教学中，贺麟的讲课风格是以问题为中心，涉及面广，中西结合，融贯古今，立论精辟，逻辑性强。贺麟在西南联大讲授"哲学概论"课程时，选贺先生课者逾百人，众多学子济济一堂，却十分安静，鸦雀无声，只听见笔记的嚓嚓声。甚可以用一句话来形容贺麟的讲课风格，即行云流水，自然成章。与其他教授之讲授风格不同，贺麟开拓性地将中国哲学与西方哲学进行对比，以便学生理解。例如，他将朱熹、王阳明与康德、黑格尔之思想内核进行比较，所教授的西方哲学是经过他的理解、分析和创造的中国化的哲学思想，用地道的汉语表达方式来再现原作的神貌和精神。1931 年 7 月至 1936 年 9 月贺麟发表学术论文及著作如表 4-3 所示。

表 4-3　　1931 年 7 月至 1936 年 9 月贺麟发表学术论文及著作一览

序号	文章名称	出处	发表时间
1	《我之自由意志》	《大公报》	1932 年 6 月 11 日
2	《大哲学家斯宾诺莎诞生三百年纪念》	《大公报》	1932 年 11 月 14 日
3	《鲁一士〈黑格尔学述〉译序》	《国风》	1933 年第 5、6 期
4	《黑格尔之为人及其学说概要》	《大陆杂志》	1933 年第 9 期
5	《评赵懋华〈叔本华学派的伦理学〉》	《大公报》	1933 年 11 月 6 日
6	《道德进化问题（附表）》	《清华学报》	1934 年第 1 期
7	《黑格尔印象记》	《清华周刊》	1934 年第 5 期
8	《德国三大哲人处国难时之态度》	独立出版社	1934 年 7 月
9	《宋儒的思想方法》	《东方杂志》	1936 年第 2 期
10	《文化的类型》	《哲学评论》	1936 年第 2 期
11	《黑格尔》	商务印书馆	1936 年 3 月
12	《康德译名的商榷》	《东方杂志》	1936 年第 17 期

1936年，由于贺麟已达到教授年资，且研究成果达到要求，西南联大聘任委员会批准其按例由副教授晋升为教授。

郑天挺，字毅生，福建长乐人，1899年生于北京。1912年夏，考入北京高等师范学校附属中学（师大附中前身）。1915年，因成绩不佳，留级一年，一年后，退学离校，入北京大学补习班，报考北大预科未被录取，故闭门研读文史。1917年考入北京大学本科国文系。1920年夏，郑天挺曾先后于政府经济调查局与《中国日报》编辑社短暂任职。1921年初，他第一次离开北京南下集美，于厦门大学主要讲授国文课（担任国文系助教），并兼任图书馆主任。1921年9月，北京大学研究所国学门（后改文科研究所）成立，郑天挺以研究生身份入学，研究题目为《中国文学音义起源考》，由钱玄同先生指导。1924年毕业，留校任教，任国文系预科讲师。由于彼时国库空虚，教育领域更显拮据，对于大学经费则时常拖欠，在教育界人士的呼吁下，政府成立了特税公署，拟将教育经费独立核算。郑天挺受邀短暂供职于教育特税公署。除却繁忙的行政事务，他一直任教于北大中国文学系，负责讲授古地理学及校勘学等专业课程，学术研究方面撰写了《古地理学讲义》，该论文也获得了陈受颐、毛子水等知名教授的赞许。1928年2月，他应广州政治分会属下建设委员会委员梁漱溟之邀，至穗相助；3月，由京南下，经杭州时，浙江大学校长蒋梦麟拟于暑假后任其为浙大秘书，先荐之出任浙江禁烟局秘书，以为过渡；5月，以在杭无适当工作，南下广州，任建设委员会秘书；8月，离广州经沪至杭州，任浙大秘书兼文理学院文科讲师。1930年，教育部部长蒋梦麟辞职，任北京大学校长，上任后任郑天挺为校长室秘书兼预科国文讲师。

1931年，北大第三次聘任委员会决议晋升郑天挺为本科讲师。[①]1933年，由于任讲师已满一年，且于国学研究方面有特殊贡献，根据

---

① 《二十年一月二十九日第三次聘任委员会记录》，1929年，北京大学档案馆藏，档案号：BD1929008。

部令及学校规定，升为中文系副教授，讲授古地理学、校勘学。其间，编有古地理学讲义，由北大出版社印行，并撰有《杭世骏〈三国注补注〉与赵一清〈三国志注补〉》（载《国学季刊》第五卷第四期）、《张穆〈殷斋集〉稿本》等论文。1936年，至历史系兼课，讲授魏晋南北朝史，又兼北平女子文理学院教授，讲授中国近三百年史，撰有《多尔衮称皇父之臆测》（载于《国学季刊》第六卷第一期）等论文。

在教学方面，郑天挺一向淡于著文，而勤于教学，在他看来，"文章固然很重要，但终究不能代替口耳之教，在传神、阐义、交流等方面，面对面的教学具有特殊的作用"[1]。据傅振伦回忆，郑氏受聘为北京大学预科讲师之时，"人文地理的课堂在沙滩红楼北大第一院第二层西头南端路西第一教室，这个教室可容百余人。郑先生熟习地理，侃侃而谈，条理清晰，口齿流利，发音洪亮，当时尚无广播设备而他的一字一句，无不灌注到学生之耳，听众自始至终毫无倦容，深受欢迎，座无虚席"[2]。郑天挺有一个习惯，即在课前先介绍课程的结构框架，且用大量时间板书明史史料及参考文献。课程开启之后，他便不再使用讲稿，仅板书提纲，内容凭记忆口述，"由浅入深，顺序阐明。讲的速度不快，一字一句，铿锵入耳，有时有重复，使学生易于笔记"[3]。著名清史专家戴逸也是在郑天挺指导下走上研究清史道路的。郑天挺讲课清晰扼要、条理井然，他讲授的明清史是北大最叫座的课程之一。

1937年夏，因任副教授已逾两年，且著有相应研究成果，郑天挺晋升为北大中文系教授。除培养和提携史学人才，维持北大明清史学一脉外，郑氏探微考据、严谨踏实的治学理念，也深深根植于北大厚重的学术土壤，对北大史学以重史实风气的继承和弘扬有莫大贡献。

---

[1] 刘泽华：《教诲谆谆多启迪》，封越健、孙卫国编：《郑天挺先生学行录》，中华书局2009年版，第149—150页。

[2] 傅振伦：《郑天挺先生行谊》，封越健、孙卫国编：《郑天挺先生学行录》，中华书局2009年版，第10页。

[3] 程溯洛：《怀念郑毅生老师》，封越健、孙卫国编：《郑天挺先生学行录》，中华书局2009年版，第41页。

第二节　清华大学的教师晋升制度

一　办学理念与教师晋升原则

清华大学的前身为清华学堂，创建于1911年，后改名为清华学校。1928年，清华学校更名为国立清华大学，罗家伦初任校长一职。罗氏以《学术独立与新清华》为题发表就职演说，他认为，"研究是大学的灵魂"①，大学应该坚守学术独立；同年，清华大学出台了《国立清华大学条例》，进一步言明办学宗旨："以求中华民族在学术上之独立发展，而完成建设新中国之使命"②；同年十一月，学校又发布了《清华大学整理校务之经过及计划》，重申清华大学的使命在于振兴中华民族在学术上的独立发展。

1931年，梅贻琦出任清华校长。在其就职演说上，梅氏曰："办学校，特别是办大学，应有两种目的：一是研究学术，二是造就人材。"③ 在1936年发表的《国立清华大学二十五周年纪念日致全体校友书》中，他又指出："凡一大学之使命有二：一曰学生之训练，一曰学术之研究。清华为完成此使命，故其发展之途径不徒限于有效之教学，且当致力于研究事业之提倡。"④ 在办学理念的指引下，清华的教员晋升制度大抵可涵盖以下原则：

其一，致力于研究事业之提倡。梅贻琦于《致全体校友书》中曾言："此在学术落后之吾国，盖为更不可缓之工作。"⑤ 因而，清华教

---

① 罗家：《学术独立与新清华》，清华大学校史研究室编：《清华大学史料选编——清华大学时期（1928—1937）》（第2卷，上册），清华大学出版社1991年版，第201页。
② 《国立清华大学条例》，清华大学校史研究室编：《清华大学史料选编——清华大学时期（1928—1937）》（第2卷，上册），清华大学出版社1991年版，第138页。
③ 梅贻琦：《大学的意义》，古吴轩出版社2016年版，第81页。
④ 梅贻琦：《国立清华大学二十五周年纪念日致全体校友书》，《清华校友通讯》1936年第3卷第1—5期。
⑤ 梅贻琦：《国立清华大学二十五周年纪念日致全体校友书》，《清华校友通讯》1936年第3卷第1—5期。

员应以学术研究为"首要责任"。唯有如此方能实现清华"跻身世界知名大学之林"的理想。

其二,"一时有识之士闻风景从",对教员国际视野之推崇。清华的前身为留美预备学校,1929年前,旧制学生均派遣留美。改建大学后自然也多吸收原清华毕业生回校任教,遂逐渐形成了具有留美经历为主的教授群体。据1926年统计,当年教授绝"大多数是留学美国的,三分之二以上又是清华的留美生"[1]。而梅贻琦对教员留洋经历之青睐更甚。梅氏于执掌清华前曾任清华留美学生处监督一职,接管清华之后,其十分看重归国留学生的选拔与任用并一度将留学生作为清华助教及讲师任命的重要来源。此外,清华教授首选对象"须具有三年研究院工作或具有博士学位及有在大学授课二年或在研究机关研究二年,或执行专门职业二年之经验者资格"[2]。可见,留学或出国进修,尤其是赴欧美又是实现升等的重要环节。

其三,坚持德识相统一。梅贻琦曾于《教授的责任》中云:"凡能领学生做学问的教授,必能指导学生如何做人,因为求学与做人是两相关联的。"[3] 其于《大学一解》中继续指明:"儒家思想之包罗虽广,其于人生哲学与教育理想之重视明明德与新民两大步骤,则始终如一也。"[4] 由此可见,梅氏在清华大学教师晋升中强调德识相统一的基本原则。

二 教师晋升的实践概况

(一) 晋升制度生成的背景

1909年6月,清政府设立游美学务处,附设游美肄业馆。1911年4月,游美肄业馆改名清华学堂。《清华学堂章程》中对于教职员管理

---

[1] 清华大学校史编写组:《清华大学校史稿》,中华书局1981年版,第144页。
[2] 《国立清华大学专任教授休假条例,教师服务及待遇规程》,1932年清华大学档案馆藏,资料号:1-2-1-109。
[3] 梅贻琦:《大学的意义》,古吴轩出版社2016年版,第10页。
[4] 梅贻琦:《大学的意义》,古吴轩出版社2016年版,第26页。

依照如下规定:"本学堂监督以游美学务处会办兼任总理全堂一切事宜……教务长主任教授管理事宜,凡延订教员,厘定功课,考核成绩,皆商承监督办理。教员分别学科担任各本科教授事宜"①。可见,于学堂时期,清华与大部分晚清学堂一样,具有典型的"官师合一"特征,专业化的教师职业与职级序列尚未形成。

1912年,清华学堂更名为清华学校。清华学校既以预备留美为目的,教员结构随课程设置而变。清华学校教员分为本土国文教员、本土西文教员与美国教员三类。建校初期,"美国教员约占全体教员一半以上,他们在校内享有较高待遇,是校内最有影响的势力"②。"西学部的中国教师月薪最高的也才一百二十元银洋,合六十美元……在欧美大学得过博士学位的,可以加月薪四十元;在国外大学教过书的,又可以加薪四十元到八十元(均为银元)。而国学部的教师,因没有留过洋,就最受歧视了,他们的待遇最低,每月才拿几十块银洋。"③而美国教员,大多是由游美学务处委托北美基督教青年协会,于美国登报代为招聘。其中多数为中学教员和大学毕业生,水平参差不齐,如英文教员斯密士,"文化程度、教学效果都很差,被学生讥为'老饭桶',可是由于他与美国公馆关系密切,尽管不受学生欢迎,校方也不能将他辞退"④。此外,彼时的教员人数少于职员人数,但由于缺乏必要的教员管理制度规范,原来清华学校属外交部管理,部中官僚将清华学校视作外交部的下属机构,导致清华学校职员的地位比教员高,且教员的选聘及晋升较为随意。清华教员钱瑞升于1925年感叹道:"以清华教员之俸给与京中各校比,则清华为优。且清华景物幽雅,物质上之生活亦佳,而清华仍不易招致第一流教授者,盖有三故:清华虽成立有年,然讲学之风未盛,一也;教授之地位身份不高,与

---

① 《清华学堂章程》,清华大学校史研究室编:《清华大学史料选编——清华学校时期(1911—1928)》(第1卷),清华大学出版社1991年版,第154页。
② 清华大学校史编写组编著:《清华大学校史稿》,中华书局1981年版,第16页。
③ 清华大学校史编写组编著:《清华大学校史稿》,中华书局1981年版,第63页。
④ 清华大学校史编写组编著:《清华大学校史稿》,中华书局1981年版,第17页。

重要职员比，实有相形见绌之处，二也；中外不平等，而外国教员又未必皆硕学之士，国人之稍有教誉不甘居人下者，辄不愿承受较劣之待遇，三也。清华而不欲多得第一流教授则已，若欲之，则非增加教授之地位不为功，而所聘之外国教授，尤宜特别出众，庶受较高之俸给，而不招物议；至于国学教师之待遇，不应在留学生之后，则更不必论矣。"① 改办大学后，清华越发重视增聘中国教员，这一转变过程中，可以看到下列三个特点：一为美籍教师逐渐减少，其所担任的现代学科课程，亦逐渐由中国教员所取代；二为美籍教师与中国教师的素质同时提升；三为清华毕业留美的返校服务人数增多。至于中文部的中国教员，早期以传统功名出身者居多，稍后增加一些具有新式教育背景的学者，直到1929年旧制结束，才完全为新式教育者所取代。

（二）晋升制度制定的主体

虽然自1912年起，清华学校已设置学院级别的行政组织，但并未设置专理教师聘任事宜的聘任委员会。事实上，在罗家伦任职之前，校务会议乃清华最高行政权力机构，负责审议教师聘任一事。而随着时间的推移，学校试图设置一专门委员会来审议教员聘任及晋升事宜。"每一教席之人选应专设一委员会决定之，该临时委员会以校长、该科主任及由校务会议推举之教授三人组织之；该临时委员会除讨论校务会议所提出之人外，并得讨论其他合格候补人；该委员会对于人选有最后决定之权。"② 时至罗家伦掌校后，清华内部权力布局发生逆转，教员人数已多于职员人数。作为土生土长的"清华人"，梅贻琦受命后，需要做的是尊重这一传统，以及顺应教授会独大的这一既成事实。当然，他又发展了这一布局，特别是设立评议会，并将其打造为"三会"③中的核心部门。该会由校务会议成员与教授会选举的七

---

① 清华大学校史研究室编：《清华大学史料选编——清华学校时期（1911—1928）》（第1卷），清华大学出版社1991年版，第427—428页。
② 《文件汇录：北京清华学校大学部暂行章程》，《清华周刊》1925年第24卷第9期。
③ "三会"只能除评议会外，校务会议承担学校日常行政责任，由校长、教务长、秘书长和各学院院长组成；教授会由全体教授和副教授组成，对学校的各项事务进行讨论。

位（后来发展成九位）代表组成。凡学校的重要事务，如聘请教师、学校规划、制度改革等都需评议会决定才能施行。其中，后期建立的聘委会属于其职能部门之一。上述组织所具有法理上的地位，于清华大学条例与规程中皆有反映。例如，《国立清华大学教师服务及待遇规程》对教员晋升资格进行了相应规定。

国立清华大学教师服务及待遇规程（摘录）[①]

（1934 年 6 月重印）

第一章 总则

一、本规程于本大学全体教师适用之。

二、本大学教师，分教授、合聘教授、讲师、专任讲师、教员及助教

三、教授、专任讲师、教员及助教，为本大学专任教师，合聘教授及讲师，为非专任教师。

第二章 资格

四、本大学教授及合聘教授须符合以下资格之一：

（一）研究院工作满三年或具博士学位及曾于大学授课二年或执行专门职业二年或于研究机关研究二年者之经验者。

（二）于其所教之学科，有学术创作或发明者。

（三）于大学或同等学校教授或讲师经历或于研究机关研究或执行专门职业共六年，有特殊成绩者。

五、本大学讲师须符合以下资格之一：

（一）于国内外大学任教授，著有成绩者。

（二）于所任之学科，有学术创作或发明者。

---

① 清华大学校史研究主编：《清华大学史料选编第二卷（上）国立清华学校时期（1928—1937）》，清华大学出版社 1991 年版，第 174—175 页。

（三）于专门职业，有特殊经验者。

六、专任讲师须符合以下资格之一：

（一）二年研究院工作，或具有硕士学位者。

（二）于所任之学科，有学术贡献者。

（三）于专门职业，有特殊经验者。

七、本大学教员须符合以下资格之一：

（一）大学毕业成绩特优，且曾在大学或同等学术机关授课，或研究二年者。

（二）于所任之学科，有专门知识，或授课有特殊成绩者。

八、助教须具有大学毕业成绩特优之资格。

1928年，罗家伦就任清华大学校长后，鉴于职员过多，地位权力也太大，如评议会及各委员会成员，多为职员而非教员，教员待遇重资格而非学识等情况，采取成立聘任委员会，重组评议会等举措，以营造清华的学术氛围。从有关资料可以看出，聘委会拥有相当大的权力，其中包括教师服务规程中各级教员聘任、晋升及相关待遇提出修正建议等。以下为聘任委员会对教员升等规则的部分提议及决议的摘录。

复校第一次聘任委员会议案（节选）[①]

时间：三十五年十一月十一日下午五时

地点：本校甲所

出席：冯友兰、朱自清、梅贻琦等

……

（十四）提议是后各学系助教升任为教员应至少有助教资历四年，教员升任专任讲师应至少有教员资历三年案

[①] 《复校第一次聘任委员会议案》，1946年，清华大学档案馆藏，资料号：19461111 P11-4：2-13。

议决：通过亦通知各院系

（三）晋升制度的基本内容

早在清华学校时期，教员的升级就与学历因素关系密切。一般而言，在海外获得硕、博士学位的教员可直接晋升为教授。如 Smith E. K.（施美士），获卫斯理大学学士与硕士学位，哥伦比亚大学院暨协和神学校肄业，1911 年担任清华英语教员，清华成立大学部后担任西洋文学系教授；Winter R.（温德），芝加哥大学硕士。曾任芝加哥大学助教、法文副教授和美国西北大学教授等职，于 1925 年至清华大学部任教授；Jameson R. D.（翟孟生），威斯康星大学硕士，1925 年到清华任西洋文学系教授，1930 年任文科研究所外国语文部教授，讲授英语教授法、比较文学专题研究。

1925 年，清华学校设立大学部，同年设立国学研究院，开始向完全大学过渡。随后成立的"筹备大学委员会"教职员待遇组发布了《教员等级与资格拟稿》规定：大学设正教授、教授、副教授和教员和助教。"正教授应为学术家曾在研究院研究高深学术或作有名著，并宜有著名大学教授充分之经验及其品学堪为师资者；教授应为学术家曾在研究院研究有素或著有著作并宜有著名大学教授之经验者；副教授应为学术家，曾在研究院研究有素或具有其他相当程度者；教员应由著名大学毕业抱有增进学术之志趣者；助教应为大学高才生抱有增进学术之志趣者。"[①] 而后，清华又重设教员等级，即教授、教员与助教，其中教授又下分为正教授及一级、二级及三级教授。同年，清华评议会决议："现在在校教员，大多数已由校中正式聘为大学教员，给三年之聘书。全体升为副教授，悉依大学薪俸待遇。"[②] 随着工学院的建立，教师职务重设教授、专任讲师、教员与助教，此外包括合聘

[①] 国立清华大学筹备大学委员会教职员待遇组：《清华大学筹备委员会报告草案：教员等级与资格拟稿》，《清华周刊》1924 年第 332 期。

[②] 国立清华大学：《新闻：学校方面：下年教员：现在在校教员，大多数已由校中正式聘为大学教员……》，《清华周刊》1925 年第 349 期。

教授与兼课讲师。对于教授的升等，清华则颇为严谨，凡升等的教员须通过由各学科所遴选的教授组成评议会与聘任委员会审理。教授职务的授予较注重学术成就，如国外留学归来的学者，若无获得博士学位或虽有学位而学术上尚无突出成绩或并无教学经历者，通常无法获得教授资格，只能从专任讲师做起。授课教员皆为教授或专任讲师，助教没有资格讲课，负责管实验，改习题，做教授的助手。《国立清华大学教师服务及待遇规程》对四级教员的资格进行了规范，其内容也成为清华内部教员晋升的重要依据。1939 年 7 月，经第二次评议会修正的《国立清华大学教师服务及待遇规程》中除增设了副教授职位，晋升条件未有变化；此外，复校后修正的《清华大学教师服务及待遇规程》与 1939 年的规定相较，除了对提请时间由"五月一日"改为了"五月内"进行报送外，其他晋升标准无异。

（四）晋升申请的核准程序

1926 年，清华大学召开了第一、二次常务会议，学校对评议会的职责也作了较为详细的规定："评议会之职权……委任下列各种常任委员会……议决教育之任免。"[①] 这表明此时专门的聘任委员会也还没有设立，教员任免晋升事宜皆由评议会负责。

聘任委员会制度是在罗家伦掌校时期建立起来的，最初的委员为王文显、杨振声、吴之椿、陈岱孙等八人。在 1930 年 11 月 4 日所举行的第 44 次校务会议上，聘任委员会制度被讨论确定下来，第一届聘任委员会亦由王文显、杨振声、吴之椿、陈岱孙等八人组成，之后委员虽经历多次调整，但一直维系了专业强劲的学者阵容。由此可见，聘任委员会成员基本上都是资深教授，体现了同行评价的教员晋升模式，也践行了教授治校的大学管理思想。聘任委员会所议决的范围包括了新任教授、专任讲师的聘请，各研究院导师的聘请，到期教授、专任讲师的续聘，各系教师升任教授、专任讲师等提案，确定不同教

[①] 国立清华大学：《新闻：学校方面：清华学校组织大纲》，《清华周刊》1926 年第 25 卷第 3 期。

师的薪资水平以及加薪数量。其程序一般是由各系系主任提出新聘、续聘的议案，后委员会根据《国立清华大学教师服务及待遇规程》中聘请和升任教师的相关规定对申请者进行资格审核，最终投票表决。"经查，自1930年11月至1937年5月的6年多时间里，清华大学聘任委员会共开会近30次，研究审定了数百人次的教员聘任及资格议题。"[1]一般而言，在清华大学每学年规定的期限之前，教员有资格申请升等，但需要如实且详尽填写申请书并提交证明材料，后交由系主任审核。例如，以下是陈继安申请晋升清华大学土木工程系教员、孟宪民晋升地质系教授所填写的个人学习及工作经历：

> 陈继安，三十二年七月联大土木工程系毕业，三十二年七月至三十三年九月滇缅公路工务局实习生及公务员；三十三年九月至三十四年二月清华大学土木是实验室助理研究员，三十四年二月迄今清华大学土木系助教。[2]
>
> 孟宪民，清华1921年毕业生，Colorado school of mines 1922 – 1925；Geol. E（Engineer）1925；M. I. T 1925 – 1927；MS.（in Geol）1927；中央研究院地质研究所研究员 1927 – 1946；在校担任矿物学、矿物拣定法及二课之实习及地质测量等课（过去在中央研究院刊物内发表文章甚多）。[3]

1926年，由曹云祥任校长的清华学校制定了《清华学校组织大纲》，规定学系主任由教授中择优推选。系主任有权力推荐本系教授、讲师、教员及助教。故教员的任用与晋升在很大程度上取决于学系主任推荐与否。在清华，系主任在教师晋升的环节中主要负责组织学系

---

[1] 陈媛：《中国大学教授研究——近代教授、大学与社会的互动史》，山西教育出版社2012年版，第60页。

[2] 《土木系教员助教下年度聘任事项》，1946年，清华大学档案馆藏，资料号：1 – 4：2 – 105：2。

[3] 《地学系拟聘请地质学教授1人，地理组教员1人，特将孟宪民等三人提出请评议会聘任，附孟先生履历》，1946年，清华大学档案馆，资料号：1946.81 – 4：2 – 103：2。

晋升评价委员会、获取外部评价信、参与学系晋升评价、撰写学系晋升评价总结信、推选学院晋升评价委员会评审名单、接受学校申诉委员会调查等工作。例如：著名语言学家、教育家王力于1926年考入清华大学国学研究院，1927年赴法留学，专攻实验语言学，后获博士学位，1932年回国后到母校清华做专任讲师，讲授普通语言学、中国音韵学概要。他在怀念系主任朱自清时写道："按照清华大学的惯例，专任讲师任职两年得升为教授，这是章程上规定了的。但是我任职两年期满，聘书发下来（当时学校每年发一次聘书），我还是专任讲师。我到办公室里质问朱先生为什么不升我为教授，他笑而不答。我回来反躬自责，我在学校所教的是'普通语言学'和'中国音韵学'，而我不务正业，以课余时间去翻译《莫里哀全集》，难怪朱先生不让我升教授。于是我发愤研究汉语语法，写出了一篇题为《中国文法学初探》的论文。朱先生点头赞赏，就在第四年，我升任教授了。"[1] 以下为部分系主任为本系申请升等教员撰写的推荐信。

致函梅贻琦；恳请为建筑系莫宗江、吴良镛升级[2]

月涵夫子函文

（一）建筑系专任讲师莫宗江对于中国建筑及绘塑见识渊博，对于建筑及美术绘画，技艺亦高。任教以来。将满两年，其教导学生不仅在上课时间，画室之内，每逢周末假期就领导学生，三五成群，出外写生。不惟本系学生，即他系学生，亦有多人。风闻先生之善教，至本系求得课除之教。在短之三个半学期中，已为清华养成浓厚之艺术风尚。校长展览，学生画展成绩斐然。博得校友及在校师生好评。如莫先生者，可谓循循善诱，诲人不倦。拟自下半年始升为副教授。

---

[1] 王力：《龙虫并雕斋琐语》，北京联合出版公司2012年版，第334—335页。
[2] 《致函梅贻琦；恳请为建筑系莫宗江、吴良镛升级》，1948年，清华大学档案馆藏，资料号：19480504 1-4：2-105：5。

（二）本系助教吴良镛，于建筑设计及水彩画，造诣极高。去岁出国，开学之初，教师尚未齐，吴先生协助吴柳生先生，开始讲授本系功课。其在建筑制、建筑、素描等专门基础课程，当时均由吴先生个人独立创始教导。今日本系二年级学生学业之基础，实吴先生一人所建立。其成绩之卓越。如吴先生者，不为是良师，且为难得之行政人才。本系基础之创立，吴先生居功至伟，拟自下半年升为教员。

莫、吴两先生均为建筑系学生所爱戴，教导得法，使本系师生打成一片，为本系建立良好基础为本系建立良好学风，实为本系之"开国功臣"。其升级问题，赐予考虑，是所至祷。

梁思成

函请聘任杨津基为副教授[1]

兹为副教授杨津基先生事有所陈述，杨先生原在同济大学任教授之职，系德国柏林高工毕业（一九四一年春）毕业曾任柏林西门子建设公司电机厂及同济大学任职执行专业职业四年以上，符合清华大学规程第一条两项规定。拟请清华大学聘为副教授。杨先生已在校授课一学期，获学生之敬仰，其造诣颇深，为电机系之人才。当此胜利之时，三校均已有返校之能望。早日确定杨先生为清华之副教授则无证其实于系方或杨先生本人君安心。

敬启校长批示

章名涛谨启

兹经昨日常务委员会议决聘杨先生为本大学电机系副教授，月薪三百六十元，自本年一月份起薪资将杨先生之聘书早日下放之。

清华大学办事处

---

[1] 《函请聘任杨津基为副教授》，1945年，清华大学档案馆藏，资料号：19450714X1-3：3-38：4P128。

杨津基先生为第一次经聘任委员会决议按章应为专任讲师，但因电机系急需人，而杨君已在同济任正教授，故给予副教授待遇，月薪三百元。嗣章名涛君又呈常委会杨君因时在柏林为公，因时检民国三二年，由教部核准为副教授。今杨君薪资改为三百六十元。

履历为证：1935 年毕业于南开中学，1940 年春毕业柏林实工，1940—1942 年法国三厂，1942—1943 年中国建设公司，1943 年至今国内任教。

电机工程系主任 章名涛

系主任与院长提请教员升等事宜之后，会交由聘任委员会主理。聘任委员会由主席与常务委员组成，教员升等议案由参会人员采用少数服从多数的原则进行表决。

第七次聘任委员会会议记录[①]

（一）各学系部提请教员升聘为专任讲师者议决如下：
王瑶升聘为中国文学系专任讲师　薪资二百四十元
郭世康升聘为机械工程学系专任讲师　薪资二百四十元
李剑秋升聘为体育部专任讲师　薪资三百元

（二）各学系提请助教升聘为教员者议决如下：

冯钟芸升聘为中国文学系教员，吴光磊升聘为数学系教员，张家骅升聘为物理学系教员，陈瑞铭升聘为生物学系教员，金起元升聘为经济学系教员，朱声绂升聘为经济学系教员，袁方升聘为经济学系教员，莘耘尊升聘为土木工程学系教员，陈继安升聘为土木工程学系教员，王補宣升聘为机械工程学系教员，嵇鈇升聘为机械工程学系教员，李华天升聘为电机工程学系教员，张汉

[①]《清华大学昆明办事处》，1940 年，清华大学档案馆藏，资料号：19400522 P13　X1 - 3：3 - 6。

升聘电机工程学系教员，马世雄升聘为电机工程学系教员，吴孝达升聘为航空工程学系教员，孙天风升聘为航空工程学系教员，王维屏升聘为体育部教员。

复校第十次聘任委员会记录（节选）[①]

时间：三十七年五月十七日下午四时
地点：本校甲所
出席：冯友兰、朱自清、梅贻琦、沈履
经审核通过如下：
各学系副教授提请下学年升聘为教授者
李广田先生升聘为中国文学系教授
任华先生升聘为哲学系教授
强明伦先生升聘为机械工程学系教授
孟广基先生升聘为机械工程学系教授
钟士模升聘为机械工程学系教授
曹本熹升聘为化学工程系教授

三　教师晋升的个案探析

张荫麟，字素痴，广东东莞人。1905 年生于广东东莞，1922 年毕业于广东省立第二中学，1923 年考入清华学堂学校中等科三年级，于清华读书六年。张荫麟在清华期间，经历了清华由一所留美预备学校，改办大学的过程，与新制大学部一起建立的还有清华国学研究院。1925 年，清华学校研究院正式成立，吴宓担任主任，梁启超、王国维、陈寅恪、赵元任等教授到职。张荫麟在校期间，有机会受名师熏陶并使其对历史翻译工作产生了浓厚的兴趣。

1929 年 7 月，张荫麟进入美国斯坦福大学攻读哲学。根据贺麟和

[①] 《复校第十次聘任委员会记录》，1948 年，清华大学档案馆藏，资料号：19480517 P471-4：2-13。

谢文通对他留学期间情况的记述,他在美国所专注的是纯粹的西方哲学,并广泛涉及社会科学及伦理学,其硕士学位论文是关于爱德华·摩尔的伦理思想,而博士论文则是计划做关于摩尔和杜威哲学思想的比较。可见他在留学时期所接受的是连贯性非常强的正规哲学训练。张荫麟于1933年底回国,彼时挂名史语所历史组组长的陈寅恪专门致信史语所所长兼北大教授的傅斯年,希望北大史学系或史语所能够聘任他。但由于张荫麟与傅斯年的治学立意不同,一崇尚博通,而一强调专精,所以傅以"史语所之经费问题"为由加以回拒这个"将来最有希望之人材"[①]。彼时,正代理清华哲学系主任的张申府也因为主编《大公报·世界思潮》关系,通过《戴东原乱语选录》等文章对张荫麟在哲学方面的见地有了充分认识,因此也表示"极愿其来"哲学系。最终,张荫麟于1934年以哲学系和历史学系共同合聘的方式留在了清华大学。

彼时清华大学对于专业学习经历相当重视,教师的级别薪资和升迁基本上都按章办事。然而,在完全照章办事的制度下,还是存在着差异。例如,与张荫麟同时期到清华,也是同样在美国仅获得硕士学位的哲学系教员沈有鼎,其任职经历就与张很类似,都是先被聘任为专任讲师,且每年的续约问题都要经过聘任委员会讨论决定,他们两人都是要担任三年(张荫麟因为是1933年度下半学期到任,所以是两年半)的专任讲师才被升任为教授,其间薪资皆为二百八十元,入职三年后,聘任委员会通过张荫麟和沈有鼎升任为教授,同时月薪升为三百元。然而,与他们的经历相比,一些更符合规范化条件的学者,升迁和加薪的速度却比他们要快很多。比如,在清华历史系获得硕士学位的邵循正,尽管1936年返校之初也是被聘为专任讲师,但是因为按照规定按其研究经历也是可以被聘为教授的,所以在清华任教一年后就被升为教授。而由此反观在大学本科毕业后即留校任教的吴晗,

---

[①] 广东省东莞市政协主编:《张荫麟先生纪念文集》,汉语大词典出版社2002年版,第339页。

虽然研究成绩卓著，但是最初却要从助教做起，月薪也是最低的八十元，即使在三年后因为成绩突出破格升为专任讲师，其月薪也是最低的一百六十元，与张荫麟、邵循正等可谓相差千里。可见，学历已经成为关于教师个人业务能力判定的新基准。表4-4为张荫麟1933年11月至1936年10月的学术论文著作统计。

1936年6月8日，清华大学聘任委员会决定升张荫麟为哲学系、历史系合聘教授。另外，张荫麟在历史学系专为研究生开设清史专题研究课程。"1938年夏，其赴昆明，任教于清华、北大、南开三校合组之西南联合大学，为历史学系和哲学心理学系教授。1939年6月，张荫麟在清华大学召开的迁昆明后第2次聘任委员会会议上再度受聘为哲学系、历史系教授。"[1]

表4-4　张荫麟1933年11月至1936年10月学术论文著作一览

序号	文章名称	发表刊物	发表时间
1	《玩〈易〉》（上下篇）	《大公报·世界思潮》第59期	1933.11.16
2	《评孙曜〈春秋时代之世族〉》	《大公报·文学副刊》第307期	1933.11.20
3	《可能性是什么——一个被忽略了的哲学问题》	《大公报·世界思潮》第64期	1934.1.25
4	《戴东原乩语选录（六）》	《大公报·世界思潮》第67期	1934.3.8
5	《跋今本〈红楼梦〉第一回》	《大公报·图书副刊》第17期	1934.3.10
6	《戴东原乩语选录（七）》	《大公报·世界思潮》第68、71、75期	1934.3.22/ 5.3/6.28
7	《不列颠博物馆所藏中国写本瞽记（敦煌写本）》	《国闻周报》第11卷第21期	1934.5
8	《珠玉新抄与义山杂纂》	《大公报·图书副刊》第28期	1934.5.26
9	《道德哲学与道德标准》	《大公报·世界思潮》第73期	1934.5.31
10	《与陈寅恪论〈汉朝儒生行〉书》	《燕京学报》第15期	1934.6

---

[1] 广东省东莞市政协主编：《张荫麟先生纪念文集》，汉语大词典出版社2002年版，第282页。

续表

序号	文章名称	发表刊物	发表时间
11	《甲午战后在日见闻》	《国闻周报》第 11 卷第 28 期	1934.7.16
12	《读〈南腔北调集〉》	《大公报·图书副刊》第 44 期	1934.9.15
13	《戴东原乱语选录（八）》	《大公报·世界思潮》第 81 期	1934.9.20
14	《甲午战前中国之海军》	《大公报·史地周刊》第 1－2 期	1934.9.21/9.28
15	《关于"历史学家的当前责任"》	《大公报·史地周刊》第 2 期	1934.9.28
16	《晚明与现代》	《大公报·史地周刊》第 5 期	1934.10.19
17	《戴东原乱语选录补篇》	《清华周刊》第 592－593 期合刊	1934.11.12
18	《关于中学国史教科书编撰的一些问题》	《大公报·史地周刊》第 24 期	1935.3.1
19	《关于高中国史教科书之讨论（二）：复钱穆书》	《大公报·史地周刊》第 26 期	1935.3.15
20	《跋〈水窗春呓〉（记曾国藩之真相）》	《国闻周报》第 12 卷第 10 期	1935.3.18
21	《曾国藩与其幕府人物》	《大公报·史地周刊第》36 期	1935.5.24
22	《严儿道》	《大公报·史地周刊》第 41 期	1935.6.28
23	《评冯友兰〈中国哲学史〉下卷》	《清华学报》第 10 卷第 3 期	1935.7
24	《孟子所述古田制释义》	《大公报·史地周刊》第 42 期	1935.7.5
25	《春秋初税亩释义》	《大公报·史地周刊》第 42 期	1935.7.5
26	《春秋时代的争霸史》	《大公报·史地周刊》第 52 期	1935.9.13
27	《周代的封建社会》	《清华学报》第 10 卷第 4 期	1935.10
28	《战国时代鸟瞰》	《大公报·史地周刊》第 68 期	1936.1.10
29	《战国时代的思潮》	《大公报·史地周刊》第 75 期	1936.3.6
30	《沈括编年事辑》	《清华学报》第 11 卷第 2 期	1936.4
31	《梁任公辛亥以前的政论与现在中国》	《大公报·史地周刊》第 79 期	1936.4.3
32	《说民族的"自虐狂"》	《独立评论》第 199 号	1936.5.3
33	《南宋初年的均富思想》	《大公报·史地周刊》第 87 期	1936.5.29
34	《秦始皇帝》	《大公报·史地周刊》第 87 期	1936.5.29
35	《关于戊戌政变之新史料》	《大公报·史地周刊》第 95 期	1936.7.24
36	《汉初的学术与政治》	《大公报·史地周刊》第 107 期	1936.10.16

任华，字西岩，出生于贵州安顺，为任可澄第四子。1921年迁居北京，1923年后就读于天津南开中学、北京艺文中学和北京市立第一中学。由于学业优异，任华于1931年考入清华大学哲学系。1935年毕业后入清华研究院，师从著名哲学家金岳霖。在金岳霖的指导下写成《信念之分析》一文，约十万字。1937年获哲学硕士学位。在读期间，任华本拟公派去往英国剑桥大学攻读博士学位，因抗战全面爆发未能成行，同亲友辗转去昆明，于联大任教。1941年，他由清华大学改派去美国哈佛大学留学。1946年，他于著名哲学家刘易斯的指导下完成博士论文《现象主义的三种类型》，获博士学位。同年回国，根据清华大学晋升规则，符合具有博士学历且无研究院及教学经历者，故任哲学系副教授。在教学方面，回国开始讲授西方哲学史，从古希腊罗马哲学、十八世纪法国哲学，一直讲到现代美国哲学的诸多流派，这也为后世西方哲学史的教学与研究提供了宝贵的理论框架与基本思路。

两年后，任华申请升任教授，所递交的申请书如下：

任华，清华大学哲学系二十四年毕业，研究院哲学部二十六年毕业，三十年由清华派赴美国哈佛大学研究院，今夏得博士学位，附论文纲要五篇。

一、民国二十六年以前著作之书共三种

（一）《中国哲学大纲》此书以问题为纲，叙述中国哲学之整个条理系统，目录为——序论（分四章）；第一部宇宙论（共三篇）：一本根论（分八章）、二法象论（分四章）、三大化论（分五章）；第二部人生论（共四篇）一天人关像论（分二章）、二人性论（分五章）、三人性至道论（分八章）、四人生问题论（分九章分九章）；第三部致知篇（共两篇）：知论（分三章）、方法论（分二章）；结论。

（二）《哲学文化论集》，此书像结集民国二十一年至二十五年间职业文字而成，主要论吾为论外界之实在，生活理想之四原则，哲学上一个可能的际会。

（三）《潜思录》，此书系民国二十年至二十五年间思想记录，分为五篇，一哲学与方法，二人对于世界之知识，三世界原理，四人生之实际与理想，五道德。

二、抗战期内著作之书共四种

（一）《哲学方法论》，此书像阅于哲学方法之研究，共六章，哲学之性质，讨论哲学之基本性质为哲学之一新界说；命解与意谓，讨论哲学命解之性质及其意谓之标准；形式与方法论，分为演绎、推理、归纳；对理之主要原则（上），论对理共有六律，分别审识之；对理与主要原则（下），论对理法有四步，分别讨论之；体验解析汇通，论哲学之独特性质有三，分别研究之。

（二）《事理篇》，此书用于宇宙论问题之专门研究解析，事与理之种种方面，以及相互关系，共九章。一实有，二事务与究时，三延续与变化，四理与性，五可能与必然，六因果与偶然，七关系与联谊，八两一与反复，九事理与关系。

此书主旨在于综合理性论与实法论之所见，而立论大界与要素之学说。

此书最主要之新意见之于关系、可能、必然、偶然之解析。

（三）《知识与外界》，此书系关于知识论之一种研究，讨论感觉与外物之关系。共五章，为上万字之小册。人之知识；知识之可能与不可能；新知与旧知；感象与事物；未知与其本体世界。

（四）《性德论》，此书系关于人性与道德之研究，一、释衡，论人道之大纲即品德与当然之基本原则；二、诠人，论人生之意义；三、道性，论人性善恶问题；四、序德，论打的之基本原则；五、辨命，论人事与天命之问题；六、解文，论文化之地位，文化变化标准之问题；七、说群，论个人与群体之关系及变革程度之原则。①

根据1947年度《国立清华大学教师服务及待遇规程》中教员晋升的标准，本校副教授具有博士学位且授课两年可升任教授。② 故聘任委员会审议通过其升任为教授，讲授西方哲学史。

第三节　西南联合大学的教师晋升制度

一　办学理念与教师晋升原则

七七事变起，日本军阀蓄意摧毁中国的文化、学术机关。随着平津的沦陷，北大、清华皆无法在原地开学。1937年8月，国民政府为保存大学实力，确保非常时期战区内优良师资不致流失，为抗战培养各类专门人才以应国家需要，国立北京大学、国立清华大学、私立南开大学三校合组成长沙临时大学。其后又因上海、南京相继沦陷，1938年，临时大学被迫迁至云南昆明，改名为西南联合大学。

三所大学在平津时代，各有其历史传统与办学风格，正因为这种和而不同的精神，更孕育了联大的优良校风。正如有学者称，"彼时联大之校风可概括为：教授治校，学术自由，科学民主，着重实干"③，而上述特色正是传承融合了三所大学之优良传统。崇尚研究、民主治校源于清华；思想自由、兼容并蓄源自北大；注重实干，允公允能则出于南开。

于教员晋升方面，西南联大主要遵循以下理念与原则：

其一，晋升以网罗人才为目的。教师晋升注重实际表现和学术水平。以师德修养为先，教员数量与比例皆无明显限制。同时，教员晋

---

① 《请聘任华、张岱年二先生为哲学系教授（自三十五年度起聘）》，1946年，清华大学档案馆藏，资料号：19460123 P249X1-3：3-35：2。

② 清华大学校史研究室编：《清华大学史料选编——解放战争时期的清华大学（1946—1948）》（第4卷），清华大学出版社1994年版，第403页。

③ [美]易社强：《战争与革命中的西南联大》，饶佳荣译，九州出版社2012年版，第104页。

升所需的年资包括不同学校的任职年限。可见，联大的教员晋升制度标准相对宽泛，资历认证可以结合各领域的年资作为参考标准。正如于联大任总务长的郑天挺所言："一个爱国知识分子，不能亲赴前线或参加战斗，只有积极从事科学研究，坚持严谨创业的精神，自学不倦，以期有所贡献于祖国。"[①] 同时，由于教员在一定时期内的研究成果和工作不以硬性量化指标为准，学术要求会适时调整。联大教师的晋升制度为教员提供了宽松的专业环境，最大程度地保障了教员利益。

其二，晋升标准提倡多元。曾求学于西南联大的爱国进步人士洪德铭回忆道："助教、教员升讲师必须开出两门以上课程，效果良好，这是主要的，同时要具有独立进行科研的能力，发表过著作或多篇论文；讲师升副教授，副教授升教授不以资历和原任职称时间长短为依据，凡是在教学中有突出成绩被全院或全系师生公认，并在科研方面有学术专著或创造发明的讲师，均可提升为副教授，可提升为教授。"[②] 1944 年，《西南联大改订教职员俸给标准》中规定，联大教师分助教、教员、专任讲师、副教授及教授。国内大学毕业可以助教；助教三年，可为教员。国内研究院毕业得有硕士学位者，为教员。教员三年得升专任讲师。讲师三年得升副教授。副教授三年得升教授。[③] 由此可见，联大教员晋升的标准较为灵活多样。

其三，晋升过程注重公平性，晋升程序简单公开。符合晋升条件的教师，由院长将拟提拔教师名单及所附材料报校常委会批准，但副教授、教授的晋升，须经由聘任委员会审查批准。联大虽摒弃了繁琐的晋升方式，但晋升过程研究注重由同行专家评议，聘任委员会集体表决的程序，体现了制度的相对公平性。

联大居滇八年，就教师而言，百人百家，观点迥异。然而，全校教员于抗战之烽火中，共度时艰，众志成城，奋发努力，培育人才，

[①] 郑黎明主编：《智者长乐》，福建美术出版社 2015 年版，第 198 页。
[②] 洪小夏主编：《洪德铭纪念文集》，上海师范大学印刷厂 2011 年版，第 377 页。
[③] 《西南联大改订教职员俸给标准》，王文俊主编：《国立西南联合大学史料》（第 4 卷），云南教育出版社 1998 年版，第 485 页。

展现出英勇卓绝之精神风貌。抗战十四年，山河破碎，物价飞涨，物质条件极度贫乏，在如此艰苦之条件下，联大教员却安贫乐道，苦心孤诣，精于治学，诲人不倦，在独具特色的教师晋升制度的管理下，取得了一系列令世人瞩目的成就。

二 教师晋升的实践概况

（一）晋升制度生成的背景

西南联合大学的教员晋升制度是在教育部学委会成立与大学内部管理制度改革的背景下逐渐建立起来的。在国家层面，进入20世纪30年代，部令对大学教授等级的规定更加具体。教授被分为九级，副教授被分为七级，晋升标准更加清晰，相应的待遇标准也有所提高。1940年，《大学及独立学院教员聘任待遇暂行规程》的颁布使大学教授资格审查、教授聘任、工资待遇等师资管理方面趋于制度化与规范化。

在大学内部层面，1937年11月，北大、清华、南开联合组成长沙临时大学正式开课。据记载，"三校教员迁至长沙共有148人，其中，清华73人，北大55人，南开20人"[1]。因联大由三校临时组合，各校长之办学风格不尽相同，学校创办初期，三校展开合作亦非一拍即合，曾有过猜疑与观望。在探索中，联大的最高领导层是由三校校长共同组成的校常委会，各校校长轮流主持校务工作。学校重大问题需由常务委员会协同商议。此举兼顾了各方需求，推动了学校决策的民主化、科学化，很大程度上避免了个人决策因素造成的矛盾与偏差。此外，抗日战争初期，受民族革命战争历史潮流的影响，广大师生充满了对自由民主的渴望。后为了建立合理的领导体制和一套科学、公平、高效的行政组织系统，联大进行改革，设立了聘任委员会在内的多项组织机构，商议校内各司事务。

（二）晋升制度制定的主体

从相关历史资料看，联大组建临时大学之时就组建了大学筹备委

---

[1] 清华大学校史编写组编著：《清华大学校史稿》，中华书局1981年版，第290页。

员会（下称"筹委会"）负责教职员聘任、晋升规则的制定。1937年，三校在长沙组成长沙临时大学，"筹委会"制定并颁布了《长沙临时大学筹备委员会工作报告》，规定："师资之遴聘，系就学系之多少及课程之需要，以定数量。凡预计必需聘请之教授，皆于事先通知或设法延其来校。"[1] 同年，《关于师资之遴聘》中进一步言明："至一系每包括三校之教授，为求便于合作起见，各系皆设一系教授会议，其主席由常委会就各系教授中推定之。现在全校共有教员148人，内北大55人，清华73，南开20人。"[2] 此后于《长沙临时大学教员聘约、薪俸、到职的规定》中提出："凡临时大学教职员皆由本会（指筹委会）分送聘书或约函。"[3] 因此，彼时临时大学教员的聘任程序为：各院系拟定报批名单报送筹备委员会决议，通过后由筹委会致送聘书。1937年12月南京陷落，不久后武汉告急。长沙临时大学常委会反复磋商，决定于年春搬迁至云南昆明，并改称为西南联合大学。

1941年，为进一步规范教师聘任、晋升等事宜，经联大常委会十月一日第一百九十二次会议讨论决定设置聘任委员会。同年，西南联合大学聘任委员会所拟的《教师资格标准》由校常委会通过。

（三）晋升制度的基本内容

在晋升条件上，联大时期主要依据的是1941年颁布的《西南联合大学教师资格标准》。该标准中规定西南联大的教师等级共有五种，即教授、副教授、讲师、教员和助教。对于以上等级，学校皆有详细的资格、服务年限及待遇的规定。此外，西南联大还严格地落实教师资格标准，促使教员的教学质量及科研水平得到提升。

---

[1] 《长沙临时大学筹备委员会工作报告书》，王学珍等主编：《国立西南联合大学史料》（总览卷），云南教育出版社1998年版，第4页。

[2] 《关于师资之遴聘》，王文俊主编：《国立西南联合大学史料》（第4卷），云南教育出版社1998年版，第389页。

[3] 《长沙临时大学教员聘约、薪俸、到职的规定》，王文俊主编：《国立西南联合大学史料》（第4卷），云南教育出版社1998年版，第388页。

本校教师资格标准[①]

聘任委员会所拟《本校教师资格标准》经三十年十二月十日第二〇一次常委会通过：

第一条　教授具有下列三项资格之一

（一）三年研究院工作或具有博士学位及有在大学授课二年或在研究机关研究二年，执行专门职业二年之经验及于所任学科有重要学术贡献者

（二）于所任学科有创作或发明者

（三）曾任大学或同等学校教授或讲师、或在研究机关研究或执行专门职业共六年，具有特殊成绩者

第二条　副教授须具有下列三项资格之一

（一）三年研究院工作或具有博士学位者

（二）于所任学科有重要学术贡献者

（三）曾任大学或同等学校教授、副教授或讲师、或在研究机关研究、或执行专门职业共四年，有特殊成绩者

第三条　专任讲师须具有下列三项资格之一

（一）二年研究院工作或具有硕士学位者

（二）于所任学科有学术贡献者

（三）于专门职业有特殊经验者

第四条　教员须具有下列二项资格之一

（一）大学毕业成绩特优，具有曾在大学或同等学术机关授课或研究二年者

（二）于所任学科有专门知识或授课有特殊成绩者

第五条　助教须具有大学毕业成绩特优之资格

在学历方面，大学教师晋升制度发展至西南联大时期，学历已作

[①]《本校教师资格标准》，王文俊主编：《国立西南联合大学史料》（第4卷），云南教育出版社1998年版，第390—391页。

为教师专业化水平的主要标志之一。1945 年,联大学生于筹划复员之时编撰一本名为《联大八年》纪念册,其中对联大教授作此统计:"联大 179 位教授中,97 人留美,38 人留欧陆,18 人留英,3 位留日,23 人未留学。三名常委,两位留美,一位未留学。5 位院长,全为留美博士,26 名系主任,除中国文学系及两位留欧陆,3 位留英外,皆为留美。"①

在年资方面,联大规定讲师升任副教授应达年资四年,晋升教授为六年,并且晋升一级所须的教龄涵盖非同一学校之数。例如,语言学家张清常曾于 1938 年在浙江大学任教,后于 1940 年转至联大师范学院任专任讲师。他在 1942 年升任副教授,1945 年改聘为教授。事实上,倘若计算他西南联大的教龄,则任讲师不满三年便提升为副教授,但若是加上浙大的教龄,便无可争议了。也正因如此,张清常成为彼时学校最年轻的国文系教授,年仅 30 岁。

在科研标准方面,西南联合大学晋升职称并没有对学术论文的数量和级别严加限制。众所周知,各学科优秀成果的产出有赖于教师多年来细致严谨的专业研究和努力而并非一蹴而就,学界多数不朽的作品需要创作者付出数年甚至数十年的努力。因此,联大并非十分强调教员发表学术论文之数量。这在一定程度上减轻了教师在职称晋升的压力,使其能够专注于人才培养及科学研究,而不至于一味谋求晋升而急功近利,这也使西南联合大学建立起了"不拘一格降人才"的教师晋升制度。

(四)晋升申请的核准程序

联大成立初期,其行政组织与内部管理制度基本承袭了长沙临时大学的传统。教员晋升程序通常由系主任推荐,交由院长通过,最后交由常务委员会审议。如 1941 年 10 月,助教李广田申请晋级为教员,时任中国文学系主任罗常培向院长冯友兰提交推荐信,函曰:"助教

---

① 《联大八年》,谢泳编著:《西南联大与中国现代知识分子》,福建教育出版社 2009 年版,第 9 页。

李广田系二十三年度北大外国语文学系毕业，历任济南高中及第六中学高中国文教员多年，著有《汉园集》、《雀蓑集》、《画廊集》、《银狐集》等诗文杂著若干种，在文艺界颇有相当名誉且自三十年四月到校以来，教学成绩甚为优良。"[1] 冯友兰通过后，经常委会第一百九二次会议议决，同意升李广田为中国文学系教员。1941年，西南联大聘委会正式设立，该会议的职责为审议本大学教员聘任事宜。11月5日，常委会第一百九十六次会议聘定冯友兰、吴有训、黄钰生、郑天挺、樊际昌为聘任委员会委员，并请冯友兰为该委员会主席。

西南联合大学成立聘任委员会的通知[2]
（1941年11月10日）

各学院

　　径启者：查本大学已自本年度起成立聘任委员会，聘请冯友兰、吴有训、陈序经、施嘉炀、黄钰生、樊际昌、郑天挺诸先生为委员，嗣后本校各学院拟延聘教师，先请开送姓名、履历、著作单及拟请担任之职名、课程暨薪额等，以便提交该会审查。相应函达，即希查照为荷，此致各学院。

自此之后，教授、讲师、教员、助教的提升需系主任根据教学需要，结合该教师的教学成绩及科研著作确定人选，交予聘任委员会审议，通过后核发聘书即取得任职资格，这使得当时的教员晋升更具程序化、规范化和灵活性的特点。例如：1941年，时任文科主任的闻一多曾为讲师许维遹、陈梦家二人晋升副教授作推荐函呈至聘任委员会，函中简要概述了二人的学术代表作并褒奖评价其学术价值，最终聘委会通过了其提请事宜。

---

[1] 何芳：《西南联大对教师的激励机制》，陈志青、张玮主编：《师林文香：云南师范大学校报·优秀作品选》，光明日报出版社2011年版，第33页。

[2] 《国立西南联合大学成立聘任委员会的通知》，王文俊主编：《西南联合大学史料》（第4卷），云南教育出版社1998年版，第391页。

至梅贻琦（一九四四年六月六日）①

涵师校长道席：

敬启者，本系副教授许维遹、陈梦家二先生，升任现职已届三年，并于授课之余肆力著述，初不以物质生活之清苦，图书设备之简陋稍改其志。许先生除完成其巨著《管子集释》廿四卷、《韩诗外传集释》十卷外，又尝致力于《尚书》《国语》《说苑》诸书，就中所成《尚书义证》一种，会通古训，发明辞旨，诅正文字，创获之多盖自晚清瑞安孙氏以来罕有其匹。至其《释畀》《飨礼考》二文于古代礼俗之研究亦能辟一新途径。陈先生于研究金文之余亦尝兼及《尚书》，而于两周年代及史实之考证贡献尤伙。年历学为治理古文之基础，挽近学者渐加注意，实迩来史学界之一新进步。陈先生本其研究金文之心得致力斯学，不啻异军突起，凡时贤所不能解决之问题，往往一经陈氏之处理，辄能怡然理顺，豁然贯通。要之，二先生数年来不但于先秦典籍沉潜日深，且能处处利用新材料与新方法，故其成就乃得如此，一多于二先生之工作深所钦佩，特征得本系教授同人之同意，拟请师座转呈聘任委员会，自下学年度起升任二先生为正教授，用励贤劳而崇硕学，如何之处，敬俟
卓裁·耑此布达·祇颂
道祺

受业　闻一多谨启
六月六日

该提议由梅贻琦 7 月 28 日批示通过。清华大学召开迁昆明后第二十一次聘任委员会会议，议决改聘许维遹、陈梦家为教授。② 以下为西南联大聘任委员会部分内容节选：

---

① 闻一多：《闻一多书信集》，群言出版社 2014 年版，第 353 页。
② 《聘任委员会会议记录及部分材料》，闻黎明、侯菊坤编：《闻一多年谱长编》，湖北人民出版社 1994 年版，第 718 页。

西南联合大学聘任委员会会议记录（节选）[①]
第四十八次会议

参会人员：冯友兰、吴有训、郑天挺、黄钰生、施嘉炀（陶葆楷代补签）

议决事项：

（一）工学院化学工程学系请升陈国符先生为教授案

议决：通过。

第五十次会议[②]

参会人员：周炳琳（岱孙代）、吴有训、郑天挺、黄钰生、冯友兰（彤代）、杨石先、施嘉炀

议决事项：

（一）南开大学办事处函请体育讲师侯洛荀自卅三年度起晋级为副教授案

议决：通过，俸薪仍旧。

（二）工学院机械工程学系聘请杨南生先生为助教案

议决：通过，月薪一百三十元。

第五十五次会议[③]

地点：五月十二日晚七时在附中休息室

参会人员：吴有训、郑天挺、黄钰生、杨石先

（一）工学院化工系请将专任讲师胡志彬先生晋级为副教授（自本年八月份起）案

---

① 王文俊主编：《国立西南联合大学史料》（第4卷），云南教育出版社1998年版，第394页。

② 王文俊主编：《国立西南联合大学史料》（第4卷），云南教育出版社1998年版，第395页。

③ 王文俊主编：《国立西南联合大学史料》（第4卷），云南教育出版社1998年版，第396页。

决议：通过。

（二）工学院机械系因助教章宏道先生辞职，请以陶令桓先生补缺

决议：通过，月薪壹佰肆拾元。

第五十七次会议①

地点：六月廿日下午五时南开办事处

参会人员：吴有训、冯友兰、黄钰生（陈雪屏代）、郑天挺、周炳琳、潘光旦、施嘉炀

（一）师范学院国文系请将副教授余冠英先生晋级为教授（三十四年度起）案

议决：通过，月薪四百三十元。

（二）师范学院国文系请将副教授张清常先生晋级为教授（卅四年度起）案

议决：通过，月薪四百三十元。

（三）师范学院国文系请将副教授萧涤非先生晋级为教授（卅四年度起）案

议决：通过，月薪四百三十元。

（四）文学院中国文学系请将教员赵西陆先生晋级为专任讲师（卅四年度起）案

议决：通过，月薪二百一十元。

（五）师范学院公民训育系因助教王德明先生辞职，请周捷高先生补缺

议决：通过，月薪一百三十元。

---

① 王文俊主编：《国立西南联合大学史料》（第4卷），云南教育出版社1998年版，第396—397页。

第五十八次会议[①]

时间：卅四年七月十一日上午十二时文化巷卅号

参会人员：黄钰生、冯友兰、郑天挺、吴有训、潘光旦、施嘉炀

（一）师范学院教育学系请将教员严倚云女士晋级为专任讲师（卅四年度起）

议决：通过。

（二）师范学院公民训育系请将助教孟宪德先生升级为教员（卅四年度起）

议决：通过。

第五十九次会议[②]

时间：卅四年七月十九日上午十一时

地点：文化巷三十号

参会人员：吴有训、郑天挺、潘光旦、冯友兰、施嘉炀、黄钰生

（一）工学院化学工程学系请聘方子勤先生为副教授（卅四年度起）

议决：通过，月薪肆百二十元。

（二）北大函请将文学院外国语文学系教员杨周翰先生升格为专任讲师（卅四年度起）

议决：通过（查如已任教员三年）。

（三）北大函请聘任钱学熙先生为文学院外国语文学系副教授（卅四年度起）

议决：通过。

---

① 王文俊主编：《国立西南联合大学史料》（第4卷），云南教育出版社1998年版，第397页。
② 王文俊主编：《国立西南联合大学史料》（第4卷），云南教育出版社1998年版，第397—398页。

（四）北大函请将文学院哲学系石峻先生升任为专任讲师（卅四年度起）

议决：通过。

（五）北大函请将文学院哲学系任继愈先生升任为专任讲师（卅四年度起）

议决：通过。

（六）北大函请将文学院哲学系齐良骥先生升任为专任讲师（卅四年度起）

议决：通过。

（七）清华函请将文学院外国语文系教员王佐良升格为专任讲师（卅四年度起）

议决：通过。

为周荫阿晋级一案复请查照由[①]

电机专任讲师、教务主任周荫阿先生，在校服务间任事勤劳，教授得法，生活困苦之时，似应有所奖励，拟请晋级为副教授，月薪二百六十元，增加至二百八十元，敬祈裁夺为何。

决定办法：联大聘委会查照，可晋级为副教授。

抗日战争全面爆发，清华南迁与北大、南开合组西南联大后，从1938年11月至1946年5月，聘委会共开会三十余次，有效地解决了在动乱的战争年代"教师荒"的问题，保持了高水平教学质量和学术研究水准。

三 教师晋升的个案探析

沈从文，原名沈岳焕，笔名休芸芸等，字崇文，1902年生于湖南

[①]《为周荫阿晋级一案复请查照由》，1940年，清华大学档案馆藏，资料号：19400322P15X1-3：2-122。

凤凰县。沈从文 14 岁高小毕业，15 岁参军随军于边境剿匪，此外还当过城区屠宰税务员。他无意间接触新文学，于 1923 年前往北京考学失利后，窘迫中开启了文学创作。同年，沈从文参加了燕京大学二年制国文班的入学考试，未被录取。彼时，北大实行开放办学的方针，向一切渴望求知的社会人士敞开，因缘际会，沈从文成了北大不注册的旁听生，他一边旁听，一边学习写作。1924 年 12 月 22 日，《晨报副刊》首次刊出他的散文《一封未曾付邮的信》。1930 年秋，经胡适介绍，沈从文去往武汉大学任教一年。1931 年 8 月，经徐志摩推荐，去青岛大学任教二年。1933 年，暑假随青岛大学校长杨振声北上，至北平从事编纂中小学教科书工作。

  1938 年 4 月，教育部发电命令长沙临时大学改称为西南联合大学。对于仅具有小学文凭的沈从文而言，受聘于联大却并非易事。深受梅贻琦严谨治校方略的影响，学校始终奉行着清华"照章办事，一丝不苟"的教员管理原则。沈从文到西南联大任教，是西南联大常务委员杨振声的举荐。彼时西南联大名流荟萃，课程内容多以学术性为主，新文学还未走进大学课堂。因此，当杨振声向其提议聘沈从文到师范学院任教后，担任联大中文系和国文学系主任两职的朱自清回复"甚困难"。这其中的缘由来自沈从文的学历太低，且尽管此时沈氏已小有名气，但其于学术研究上并无卓越之成就，这也使其任教之路困难重重。彼时如北大、清华等大学的教员，若缺乏相应的学历，则必须于学术界具有突出的贡献，譬如华罗庚受聘于清华乃是由于其所著《苏家驹之代数的五次方程式解法不能成立之理由》具有较高的学术价值。最后，朱自清只能因沈从文"于专门职业有特殊经验者"的身份聘其为联大师范学院讲师。

  根据西南联大《教师资格标准》中"曾任大学或同等学校教授、副教授或讲师、或在研究机关研究、或执行专门职业共四年，有特殊成绩者，可任副教授"① 之规定，沈从文至联大之前已有三年大学教学经历，加之入职后满一年，经朱自清提议，联大常委会于1939年6月27日的会议上通过了沈从文晋升为师范学院国文学系副教授的提案。

即便如此，沈从文进入西南联大后仍面临着巨大的学术压力。由于彼时国学研究风尚盛行，于大学之中，教员学术水平的衡量也往往与其在传统国学领域的造诣密切相关。为了确立自己的学术地位，以朱自清、闻一多为首的新作家群体纷纷转向古典文学的研究领域。尽管沈从文在新文学研究领域内已有所建树，但奈何新文学在主流学术界中的影响力不过尔尔。因此，从某种意义上讲，沈从文于20世纪40年代中后期逐渐走上了文物研究的道路，也是其在大学任教受到学术压力的结果。1944年，按照西南联合大学聘任委员会第三十二次会议改聘人员名单（如表4-5所示）：沈从文已累计达教授聘任标准，聘任委员会第三十二次会议决议，改聘沈从文为教授。

表4-5　西南联合大学聘任委员会第三十二次会议改聘人员名单②

（单位：元）

姓名	职级变更	院系	薪俸
沈从文	改教授	师范国文系	360
李广田	改专任讲师	师范国文系	180
张建侯	改教员	化工系	145
宋泽生	改教员	历史系	130
何鹏毓	改教员	历史系	140
颜道岸	改教员	工院算学科	140
陈比德	改助教	外语系	100

---

① 《本校教师资格标准》，王文俊主编：《国立西南联合大学史料》（第4卷），云南教育出版社1998年版，第391页。

② 王文俊主编：《国立西南联合大学史料》（第4卷），云南教育出版社1998年版，第393页。

戴世光，1908年生于天津市，祖籍湖北。1922年考入南开中学，五年后又考入清华大学经济系，1931年获经济学学士学位。随之进入清华大学研究院研习。1934年，戴世光如愿成为留美公费生，研究方向为国情普查统计。留美期间，为了熟练掌握人口普查与统计勘探技术，他分别就读于密歇根大学数学系研究院及哥伦比亚大学经济系研究院，并获得了数理统计学与经济统计学硕士学位。此后，戴世光还前往英国、德国、印度等国学习人口统计的测量方法。其中还系统研习了印度人口普查局所用的人口资料统计方法"条纸法"①。从戴世光的求学背景可以观之，他不仅接受了国内经济与统计学学术训练，同时也掌握了国际前沿的国情普查统计方法与技术，这些经历也成为其在西南联大教学与研究的基础。1938年7月，戴世光回国，由于具有国外硕士学位，直接任副教授。"同年，在经济学系系主任陈岱孙等教授的极力推荐下，戴世光为经济商业学系二年级学生开设《统计学》课程，当时他是西南联大唯一开设这门课程的老师。"②

在科学研究方面，1948—1949年，由戴世光参编的清华大学国情普查研究所的三部调查报告《云南呈贡县人口普查初步报告》《云南呈贡县、昆阳县户籍及人事登记初步报告》《云南省户籍示范工作报告》问世，这三部报告中共有270多种统计表及20多种统计图，均是由戴世光本人与学生亲手统计和绘制的。这些统计资料不仅是近代以来我国云南环滇池区域最为精确和全面的人口测量数据，也是抗日战争时期极为宝贵的国情资料。在实地调研中，戴世光对云南省昆明市呈贡县每一个村落进行了细致的走访调查，40多年后的1985年，戴世光依然感慨地说道，"我走遍了县内每一个村庄，至今许多村落我仍记忆犹新"③。1944年起，由于年资已达六年，戴世光晋升为经济学系教授。

---

① 戴世光：《戴世光文集》，中国人民大学出版社2008年版，代自序第2页。
② 石敏、杨海挺：《西南联大档案中的戴世光教授》，《云南档案》2016年第10期。
③ 戴世光：《在西南联大八年的感受与怀念》，北京大学校友联络处编：《筱吹弦诵情弥切：西南联合大学五十周年纪念文集》，中国文史出版社1988年版，第27页。

第 五 章

大学教师晋升制度的评价

中国早期大学教师晋升制度的进步性来自逐步破除"官师合一"的教习晋级模式，崇尚"学术本位"的教师晋升理念，建构"多元民主"的教员晋升制度，遵循"公平效率"的教师晋升程序。晋升制度的局限性，一是在评价过程中，政治因素及亲缘、地缘、学缘等因素组成的"派系斗争"等"非正式规则"影响着晋升结果，学官优先、人情关系等因素分享着教员评价利益；二是晋升条件层面上，在教学、科研等方面标准偏于简单与宽泛，易造成评价中出现"浑水摸鱼"之辈；三是评价主体以"大同行"为主，难以理解和认识到申请者研究的学术价值，有碍于对评价对象作出更为客观、公正的评价。

第一节 大学教师晋升制度的进步性

一 破除"官师合一"的教习晋级模式

从隶属关系与办学主体的角度看，中国古代高等教育机构分为国家创办（官立）与民间力量创办（私立）两种。虽然以书院为代表的私立大学在中国古代教育史上占有重要地位，但其制度规范，尤其是师资选拔和晋升制度方面，都不及官立大学。古代官立大学的首要任务是培养有德行的从政人才。因此，大学堂教习属于国家职官。大学教师的选拔、任用、考核和晋升，基本上是由当时官僚选拔与考核制度所决定。从师资来源上看，可以分为三个部分：一是当时的文官考试选拔任用；二是从他职调任；三是征用社会名流担任。随着中国封建社会的不断发展，文官考试选拔和政绩考核制度日益完善，特别是明清时期，科举考试成为文人入仕的重要来源，大学教师也主要由科举考试中脱颖而出的人才担任。

清朝末期，洋务派在"师夷长技以制夷""自强求富"的思想指引下，以"中体西用"为宗旨，遵循"自强首在储才，储才必先兴学"的逻辑，取西学东渐之经验，创办了中国近代最早的一批新式教育机构。以京师同文馆为代表的洋务学堂大部分移植了西方国家的组织形式与管理方法，具有专门学校性质。"洋务学堂的教习尽管良莠参半，但打破了传统儒学经师独尊的传统，通晓天文算学'末艺'的教师得以与汉学教师在同一所学校任教。敢于聘请洋人为师，是对传统的突破，是教育由封闭走向开放的表现"①。甲午战败，民族危机加重，中华大地发生了一场颇有声势的资产阶级维新变法运动，以康、梁为首的改良派主张变法维新，废科举，设新式学堂。1898年，清廷于北京设立了中国近代第一所大学——京师大学堂，其注重引进西方的教育模式，对教师的招揽形式虽不拘一格，但标准却也颇为严格，于教习德行方面须"品行端正""学贯中西"。于学业方面须具真才实学，具有品质较高的学术成果与学术声誉。于教师设置方面，《京师大学堂章程》规定："设总教习一员，主持一切教育事宜；副总教习二员，佐总教习以行教法，并分别稽查中外教习及各学生功课。"②《奏定学堂章程》《学务纲要》《任用教员章程》等纲领，规定京师大学堂教员设正教员与副教员，按相应职务分级。自此，教师职务等级制度开始形成。

然而，早期学堂在具体的教师晋升聘任举措中无法摆脱官僚科层体系的窠臼，形成了"官学不分"的教师任用和晋升制度。政权更迭之后，教育部成为中央最高教育行政机关，总理全国各级教育形成事

---

① 吴洪成等：《晚清教师史研究》，河北大学出版社2012年版，第112页。
② 《钦定京师大学堂章程》，舒新城编：《中国近代教育史资料》，人民教育出版社1981年版，第558页。

务。教育部内设"教育总长"为中央教育行政首脑。政体的变化同时也意味着封建社会"君尊臣卑""官贵民贱"观念的破产。中国大学教育经历了民国初年的教育改革，随着各项法令与宏观政策的出台与实施，高等教育事业步入正常发展轨道。于民初高等教育发展进程中，北洋政府颁布了诸如《大学令》《学术审定会条例》等教育政策法令，涉及教员管理方面，《大学令》则重新定义了教员的法律地位，采用西方国家的教师职称制度取代了原有的职官等级制。随后的《国立大学职员任用及薪俸规程》则在教员等级差异的基础之上，呈现了晋级需考量以下因素：每年实授时间之多寡、担任学科之性质、讲授成绩、其著作以及本人的社会声望；而这些要素也与晚清"官师合一"的教习晋升机制存在明显差异，意味着教师已经具有可以根据其专业技术能力高低而上升的晋升机制，使教师自身的学术造诣和技术水平得到了法律上的认可。

随着南京国民政府的成立，教育部将大学教员的等级明确划分为教授、副教授、讲师、助教四级，其中对各级教员的任职资格、晋升方式和薪俸标准都作出了详尽规定。1937年，抗战全面爆发，全国高等院校特别是战区大学在战火纷飞中遭遇重创，中国高等教育的发展也面临着停摆。在颠沛流离、硝烟弥漫的境遇下，各大学纷纷合并西迁，在困境中坚守传承，不忘初心，艰难发展。

抗战结束后，随着大部分大学东迁复校，高等教育逐渐恢复和发展，其内部管理制度也趋于完善。1948年，《大学法》《专科学校法》的颁布，以法律的形式对大学的组织结构、课程设置、人员选拔、职责任务、职务晋升、工资待遇、停职辞退等事宜进行确认。可见，中国早期随着学术社会的建构与学术事业的发展，各大学越发重视学术研究的作用，也因地制宜地制定适合本校的教员晋升制度。

二　崇尚"学术本位"的教师晋升理念

晚清、民国时期是中国大学教员晋升制度的初兴期。彼时大学的制度设计遵循大学教师作为"学术人"的基本特性。从制度规范上讲，将学术作为大学教员晋升的基础性条件开始于《大学教员资格条例》。该条例遵照国际学术职业惯例构建了较为规范的学术职业梯级等级，将大学教员划分为教授、副教授、讲师与助教，并对各等级的资格制度和晋升条件进行了相应规范，此大学教师学术职称等级划分也沿用至今。

晚清时期，"京外各学堂教习，均应列作职官，名为教员，受本学堂监督堂长统辖节制，以时考核其功过而进退之"[①]。学堂之于教习不以学问多寡论高低，而一律以官僚系统所属等级决定身份尊卑并实施统一管理。民国时期则逐步确认了大学教师的晋升以"学诣"为第一要义。如蔡元培于《答林琴南书》中对于北大延聘教员的要求："对于教员，以学诣为主……其在校外之言动，悉听自由。本校从不过问，亦不能代负责任。例如复辟主义，民国所排斥也，本校教员中，有拖长辫而持复辟论者，以其所授为英国文学，与政治无涉，则听之。筹安会之发起人，清议所指为罪人者也，本校教员中有其人，以其所授为古代文学，与政治无涉，则听之。"[②] 教师晋升注重"学术著作"。纵观中国早期大学的教员晋升制度演变，学术著作乃教员升等所必备的"硬件"。如1917年《国立大学职员任用及薪俸规程》中曾要求：正教授、教授、助教进级考查标准之一是"著述及发明"。时至1940年，教员晋升中对于著作的要求愈加严格，须具备"有价值之著作"或"研究之经历"。以升任副教授为例，1927年，教员只须具备博士学位或年资满一年的讲师即可提请晋级，而历经1940年的改革后，拥有博士学位的教员须出示有价值之著作，或继续研究或执行专门职业四年以上者，于所教学科之学术上有相当贡献者才可晋升。此变化表明随着大学学术职业的演变发展，教师升等评价更偏重于教员是否对所教学科做出学术贡献。此外，当教员具有杰出研究成果时也可在一定程度上放宽对于晋升学历的限制。

[①] 张百熙：《张百熙集》，岳麓书社2008年版，第50页。
[②] 蔡元培：《答林琴南书》，《中国新文学大系》1935年第1期。

蔡元培曾于《我在教育界的经历》中曰："广延积学与热心的教员，认真教授，以提起学生研究学问的兴会。"① 教员在进行晋升审查时，应以研究成绩为重，并设立富于公信力的升级委员会，采取同行评议审查的形式进行审定。近代物理学家吴有训对此风气之转变就曾评论道："以前国内大学的教师，资格很是顺便，只要是留学生，似乎什么都可教，结果当然不免有些缺点。现在大学聘请教师，不但要问所习的专业学科，且须顾及已发表的研究成果及其价值。"② 此项变化改变了教授或副教授必以留学归来者为主的现象，而本国毕业著有研究者亦可得以晋升。大学乃研究高深学问的场所，对学者而言，对知识本身的追求与探究符合其基本天性。中国早期大学教师晋升制度在历史演变的过程中愈发崇尚"学术本位"的教员晋升理念，为中国大学学术职业的发展与学术社会的形成奠定了基础。

三　建构"多元开放"的教师晋升标准

学历、年资、研究成果与教学成绩等因素是现代大学教师职业评价与获得更高级别专业技术称谓首要参考的核心要素，而上述要素的引进与强化均来源于中国早期大学的教师晋升实践。大学对教员晋升的审查与认定乃对其德行修养、教学水平与创造能力的整体评价。中国早期的大学教师晋升实践则充分考虑了上述因素并允许教员选择适合自身发展规划的晋升道路。在教员接受升级审查时，制度充分考虑年资与学术研究成绩等若干因素。而聘任或升级委员会的设立，同行专家评议审查教员的升级资格则进一步提高了结果的公信力。在实践中，大学的晋升条件大抵都蕴含多种要素。例如：蔡元培主持制定了规范北大发展诸事宜的总法令——《北京大学规程》，这是民国时期最早制定的大学规程。其中记载着蔡元培选拔与评价教师的准则"对于教员，以学诣为主"。彼时，教员均由校长聘任之，正教授、教

---

① 蔡元培：《蔡元培自述》，中国言实出版社2015年版，第229页。
② 吴有训：《吴有训的科学贡献、吴有训科学论著、讲演文稿、谈话集》，鹭江出版社1997年版，第146页。

授以一年为试用期。教员进级与否，由校长参酌教授成绩、授课时间、学科性质、著作发明和社会声望各项情形定之。教授助教的晋级，于每年四月举行一次，晋级人员由校长提出，并交教务处会议讨论，人选最后由校长决定。晋级实行期以每年九月份为始。晋级以学术、勤劳及服务年限为标准，唯在校不满一年者不得晋级。国立清华大学的教员等级划分为正教授、教授、副教授、教员四等级，各职称评聘资格十分注重"学术研究"与"教学经验"，其中"正教授"应为"学术家"，在研究院研究高深学术或著有名著，亦有著名大学教授充分之经验及其品学堪为师资者。

　　随着中国早期大学教员晋升评价标准的多元化发展，其晋升过程也形成了开放性的特色。由于教育部的诸多官员和大学校长均有海外留学经验，民初大学内部治理的制度实践深受德、法、美、日等国经验的影响。例如，蔡元培曾多次赴德、法学习考察。其教育思想与治校方略也沾染了浓厚的西方色彩。西方大学治理主要着眼于大学的内部事务，侧重于决策权在各个主体（利益相关者）之间的分配和运行，但其前提保障是各大学都有利用自身资源做出决策的实权，能够独立管理教师招聘、晋升、评价、辞退等事宜。

　　同样，大学的治理理念也受到了西方尤其是德国"以学术先"传统的影响。早在1917年颁布的《国立大学职员任用及薪俸规程》中就提出了校长在决定教员是否晋级方面的考量之一：教员本身是否有著作或发明。此外，随着抗日战争进入尾声，教育部商议重新为战后的高等教育补充师资提供保障等事宜。正是基于这样的政策背景，大学教员晋升审查的标准越发明晰。之后教育部为严格办理大学教员的升等事宜发布训令，称各大学须于提交教员升等申请时须留意"著作"。此次训令中，教育部首次发布了"研究著作"的审查标准与流程，要求之后送审的著作须言明提纲要点以及著作的创新之处。1946年，教育部学术审议会就此前所制之规定中"以硕士、博士学位论文视为衡量教员升等著作之标准"进行修订，新的审查标准也如期而至。

教育部学术审议委员会关于大学教员升等著作审查标准的规定可谓详实，于著作的形式（如章节所著文字比例、注释与参考文献来源）与内容（如观点、创新点等项）上均进行把握，具有一定的可操作性。这无不体现了彼时大学教师晋升制度标准已逐渐成熟。

四 遵循"公平效率"的教师晋升程序

作为典型的公共性政策之一，中国早期大学教师晋升制度实施的程序基本上契合了公平与效率的价值诉求。制度公平是政策制定的逻辑起点，也是理想状态和终极目标。约翰·罗尔斯（John Bordley Rawls）认为："正义是社会制度的首要价值，正象真理是思想体系的首要价值一样。"[①] 教师晋升公平也应该包括机会公平、程序公平和结果公平等方面。

从政策的制定上来看，在政府制定的晋升政策中学者充分参与了提议，无论是中央研究院评议会，还是教育部学术审议委员会，其组织成员大多是从各大学中选聘出的具有较高学术声誉的专家学者。大学教师的晋升有赖于各种学术评价制度的支撑，而学术评价制度的制定与运行乃是依靠具有专门学识和学术造诣的各学科学者方能完成。正如约翰·S.布鲁贝克所言："他们最清楚高深学问的内容，因此他们最有资格决定应该开设哪些科目以及如何讲授……更显而易见的是，教师比其他人更清楚地知道谁有资格成为教授。"[②] 以1918年北京大学评议会为例，学校评议会共有14位评议员，除了校长和文、理、法、工四科学长有行政职务外，其余10位均为没有行政职务的专职教授。这表明：教授实质上参与着学校内部事务的决策，且在学术评价活动中占据主体地位。根据马叙伦的回忆："评议会是北大首先倡办的，也就是教授治校的计划，凡是学校的大事，都得经过评议会，尤其是聘任教授和预算两项。聘任教授有一个聘任委员会，经委员会审

---

① ［美］约翰·罗尔斯：《正义论》，何包钢等译，中国社会出版社1999年版，第17页。
② ［美］约翰·S.布鲁贝克：《高等教育哲学》，郑继伟等译，浙江教育出版社1987年版，第31—32页。

查,评议会通过,校长也无法干涉。"①

评议会选举法②
八年二十一日评议会议决

(一)不分科亦不分系,全校教授总数互选五分之一;

此外加入庶务主任、图书馆主任、仪器室主任但无表决权。

(1)二十五日午后二时开评议会选举会,各教授选举评议员之单送到者共六十八纸,由蔡校长及徐宝璜、程振钧二教授公共开检得票多数当选为评议员者为胡适、俞同奎、蒋梦麟、马寅初、陶履恭、马叙伦、陈大齐、张大椿、沈尹默、温宗禹、何育杰、朱希祖、贺之才、马裕藻和黄振声十五名教授,尚有一名因朱鹤龄、沈士远、康宝忠、冯祖荀四教授同得二十八票须待各教授通讯决议而定之,兹将各教授被选票数全载于后。

胡适　六十票

蒋梦麟、俞同奎　各五十二票

马寅初　四十八票

陶履恭　四十七票

马叙伦　四十三票

陈大齐　三十九票

张大椿　三十七票

沈尹默　三十六票

温宗禹、何育杰　各三十三票

朱希祖、贺之才　各三十二票

马裕藻　三十一票

黄振声　二十九票

---

① 马叙伦:《我在六十岁以前》,生活·读书·新知三联书店1983年版,第66页。

② 《评议会选举法、评议会改选及当选人名单》,1919年,北京大学档案馆藏,资料号:BD1919013。

此外，大学教员晋升制度的制定也兼顾到了制度的结果公平层面。人文社会科学的成果质量总是受到特定文化传统和社会环境的制约。非实验性的结果、研究范式的多样性以及同行专家之间的模糊界限都可能导致评价活动难觅实质性的公正。故而，珍视结果之实质正义不得不有所割舍，程序正义的重要性越发凸显。由于彼时教员评价的内容并不以量化为准，年资、研究经历、著作水平都可以作为评价教师是否晋升的因素，如北京大学则规定助教改任讲员，须在服务满二年后，助教或讲员改任讲师，须在服务满六年后（助教讲员服务年限合并计算）；讲师改任副教授，须在服务满三年后；副教授改任教授，须在服务满三年后。因此，实现晋升也并非教员们"可望而不可即"的稀缺物，而是每位教员通过认真教研、肯做学问能够达到的目标。

在制度实施的效率方面，大学教员升级在程序上依晋升等级而定。一般而言，教员升讲师可以在院系内进行，副教授和教授的晋升则需要经过聘任或升等委员会的审议。根据各学校教员升等提请的流程来说，本校教员升等审查手续，曾规定："于六月、十二月两次办理，惟各级教员论文须先行送请校外专家评阅，略费时日，请各学院将教员升等论文四月十五日以前送人事组，早作准备。"[①] 可以说，该制度明确了评审委员会、系主任、院长、校长、教育部等各方在教授提拔中的权责，避免了个人专断，此举有助于通过同行评议，对教员的学术水平、社会声誉、教学效果、人际关系等因素进行综合考量，确定该教员是否适合晋升至更高的专业职务岗位。

第二节　大学教师晋升制度的局限性

一　"非正式规则"影响晋升结果

根据组织社会学家约珥·波多尼（Joel Podolny）的理论，组织内

[①] 山舟钧：《校闻简志：本校教员升等审查手续，曾规定于六月、十二月、两次办理……》，《国立浙江大学日刊》1949年复刊新119期。

部的非正式关系是一种重要的社会资本，由社会网络建立的小群体通常具有高度的关系密度。这种群体网络有助于确立个体的社会身份与期望，进而增其晋升的机会。非正式规则本质上是人们在长期的社会交往过程中逐渐形成与默认的非文本性的行为规范，它的实体形式难以用语言及文字来描述。因此，教师晋升评价的非正式规则隶属于模糊边界的开放系统。大学教师的晋升经历了不同学科同行的评议，属于组织决策的范畴。然而，社会组织是以权力关系为中心所搭建的社会结构之一，作为组织核心要素的组织决策乃成员之间权力、利益、等级地位等的复杂互动。中国早期，对教员晋升的评价以同行评议制度为基础，学术权力占据主导地位，但事实上，除了政策文本赋予的明确责任外，还有各种"非正式规则"极大地影响着规则的实施，隐性地影响着晋升的结果，有碍于制度的正义性与公平性。

一方面，政治因素影响教员晋升的结果。学者李慕白谈及彼时行政权力干预大学教员晋升时曾讥讽道："中国学术文化之不能独立自主，由来已久，大清皇帝的传统教育制度虽然一贯的藏着奴化的色彩，但在这奴化的烘炉里也未始不可以造就一些有学问的人出来，这是因为那时本质不差，在'学问之道在有其学'的原则之下仍旧可以维持他学术的地位。然而今日大学教育之中，竟有许多大清皇帝的学部大臣所想不到的危险现象。这现象就是在许多有着湛深学问的教授当中，竟夹藏着不少本质有问题的人。下面我可以随便举几个实例，这些例子都是我几年来亲眼所见并知其人名的事实。有一位从未教过书的'教授'，仅仅做过一任货物税局长，在他被人检举贪污而遭到'撤职查办'的下场以后，经过政要的介绍，居然在某大学当经济系的主任，他虽一无所长，但凭他有把握'为毕业生介绍'的法门下，混过了一年，第二年又请某政要介绍他升为法学院的院长，因为院长可以大坐其办公室，不必教书，且为升官的门槛，他的官位就此坐稳了。后来有人讥笑他没有著作，他便找着一位毕业学生替他出这口气……一天这位学生拿了一篇叫作'所得税的征收问题'的论文请这位院长审定，这位院长就对他说：这篇文章很不错，最近有某评论要我写一篇关于财政的文章,我正忙得无法交卷,你这篇文章不妨给我寄去应付应付。于是学生的文章便换了文字变成了院长的文章在某评论上发表了,有人说这就是'青出于蓝'的好例。"① 还谈道:"自从胡适之先生那篇《争取学术独立的十年计划》的文章发表以后,我们更深深地以为,不谈学术独立则已,如果要真正地做到学术独立,则今日中国大学教授的本质问题,实有提出公开讨论的必要。这一个所谓'本质问题',自然是指学问与人格而言……不过我要郑重声明,在今日中国的教授当中,有不少具有湛深的学术与崇高的人格的人,这些人一直在支持着今日中国大学教育的局面,保留着学术研究的精神,但是'碧玉之瑕',也难免有本质问题的发生,这问题发生的相当普遍,它阻碍了我们学术的进步它也玷污了我们学术的尊严。关于这种现象,非仅笔者一人有如此之感"②。在民国时期的学术圈里,官僚权力的诱惑便成为知识分子介入政治的催化剂,它不断地促使他们从现实的境遇中寻找恰如其分的措辞,为读书人的身份建构起与学术无关的官僚谱系。

政治因素与行政权力对教员晋升过程的渗透与干预不利于大学作为学术组织遵守其内在发展的运行规律,同时也损害了大学教员的职业尊严,挫伤了其工作积极性。正如学者田光程所言:"大学校不是官僚衙门,聘任教授和讲师应以在学术上的成绩为标准,不能以人力渊源为进阶,如果大学当局连这点觉悟都没有,一切改革都是空的。"③ 另外,"派系斗争"影响教员晋升的结果。因亲缘、地缘、学缘、留学国别等结成的学术派系之间的争斗也一度成为大学之中饱受关注的"人文景观"。例如著名的北大"新旧之争",即 1907 年至 1909 年间北大内部国故派与新文化派形成对峙。同时,在教员聘任、晋升及评价的过程中,派系斗争无疑扮演着重要作用。1928 年至 1931 年以旁听生名义于北大进修的吉川幸次郎曾对北大浙人与外部非浙人

---

① 李慕白:《大学教授的本质问题》,《世纪评论》1948 年第 3 卷第 1 期。
② 李慕白:《大学教授的本质问题》,《世纪评论》1948 年第 3 卷第 1 期。
③ 田光程:《对大学教育的几点建议》,《中华教育界》1937 年第 24 卷第 8 期。

的矛盾冲突印象颇深。20世纪20年代,北大文学系主任马裕藻、史学系主任朱希祖、文科学长沈尹默包括国学门委员会除当然委员外,仅有胡适一人乃安徽籍。浙人于北大人事之盛远不止于文史两系,更关乎整个北大行政。据《民国十二年北京大学人事档案》记载,彼时北大教职工286人,其中浙江籍67人。先后于北大行政举足轻重的汤尔和、蒋梦麟等人,常于人事安排方面党同伐异,被指为"浙派之植党揽权"①。20世纪30年代前后的北大文学院也十分典型。彼时文学院主要以马裕藻为首之浙人所把持。语言文字家杨树达曾以请吴承仕来院任教请示马裕藻,"马曰:'专门在家著书之人,何必请之。'而马本人即为'十年不作一文者也'。余嘉锡则因北京大学为某等把持,止以数小时敷衍,决不聘为教授,致与人相形见绌。"② 实际上不请吴之原由在于杨本人并不隶属于马之阵营,而所荐之人同样可能成为异己。可见此时马等在北大所行派系争斗之严重。

再如,由于留学国家相异,民国学术界出现了非常严重的"海归集团"。他们之间的矛盾甚为严重,频频导致人事纠纷,对彼时的学术发展造成了不可估量的伤害。1920年,来华访问的罗素(Bertrand Russell)曾敏锐地捕捉到这一点"从不同国家归来的留学生之间时有分歧"③。李先闻是美国康奈尔大学博士,毕业论文涉及玉米矮化的研究,对彼时东北、华北的农作物生产十分具有经济价值。然而,其引以为傲的海归经历与学术背景却使其事业晋升遭遇了前所未有的"滑铁卢"。多少年后,李回忆时曰:"当时从日本留学回来的,法国勤工俭学的人回来的,美国留学回来的,自以为都有学问,就非常骄傲,互相排挤。反之就相互团结,另成一派。我茫茫然在这混乱局面中,派别的分歧中回来,真是鸟儿入网,孤军奋斗。"④ 可国内等待他的不是学以致用,而是科学界的派系与内讧,处处碰壁,先后在中央大学、

---

① 桑兵:《近代中国学术的地缘与流派》,《历史研究》1999年第3期。
② 桑兵:《近代中国学术的地缘与流派》,《历史研究》1999年第3期。
③ [英]罗素:《中国问题》,秦悦译,学林出版社1996年版,第174页。
④ 李先闻:《李先闻自述》,湖南教育出版社2009年版,第52页。

东北大学、北平农学院、清华大学、河南大学、武汉大学、四川农业改进所、中央研究院等单位任职，有的仅仅是兼课，有的是学非所用。回国后，同出于康奈尔大学的邹秉文推荐其至中央大学农学院农艺系任职。时任农学系主任的赵连芳于康奈尔大学早于李先闻入道，并早于熟识。遂由赵氏提请校长，但只以讲师职位聘任之，负责讲授高级遗传学课程，薪俸为每月二百四十元。但令李先闻费解的是："那时留学生得了博士和没有得博士的，都给以教授名义，待遇到二百六十元月薪。我的待遇为什么差一点，我至今想不通。"① 而且教学在农艺系，位置却在蚕桑系。对此，他愤懑不平，决心于桑蚕改良研究领域做出些成绩，却又受到排挤。后来，赵氏建议其留日深造，研究蚕体细胞遗传学。

二　晋升的标准偏于简单与宽泛

民国初年，军阀割据，政局动荡，战争频发，教育经费投入匮乏乃是不争的事实。面对师资匮乏的现实，大学不得不以降低晋升标准为代价以充实师资。许多成绩优异的学生大学毕业后留校任教，对于留洋经历的教员更是十分青睐，留洋归来学者破格晋升现象也屡见不鲜，更有学生尚未毕业就已被预聘为教授。潘光旦对大学教授资格评定标准深感不满："做别的事也许可以不讲资格和经验，学问是积铢累寸的东西，非讲不可。"② 田光程也在《对大学教育的几点建议》一文中感叹道："中国大学中对于教授名义的给予实在太乱，留学生回国后即可作副教授、二年以后即可作正教授，这还是比较重要的大学、在次流的大学中更有不少无名的要角，教师的名义既易获得，教授的价值乃一落千丈，我们常听说欧美大学中许多有权威有声誉的学者，虽著作已蜚声国际，其地位仍是大学的讲师，这种讲师较之我们的教授何可同日而语，因为教授名义的乱予，使人不重视教授，同时已做

---

① 李先闻：《李先闻自述》，湖南教育出版社2009年版，第51页。
② 潘元旦：《教授为学问之大敌说》，潘乃谷、潘乃和：《潘光旦选集》（第3集），光明日报出版社1999年版，第6页。

教授者也失掉努力上进之心，我们主张待遇不妨提高，名义不能乱给，凡予教授之名者，必是在学术上已有相当的贡献，在大学中已有相当的历史，这样教授自可使学生景仰，亦可使社会尊崇。"①

之于教学经验，有学者在谈及大学教师教学能力的不足时说道："大学教授似留声机，这种教授的特质是照本宣科，不能超出课本的限制，甚至不能讲解，朗诵不足，竟以叫学生默写为掩饰，以及东涂西抹，在书上抄了一个大纲，再摘要念出来，这不活活像一架留声机么？是这样的机器，又这样的呆板，至使人疑心没有这样的教授的存在，只是书本也照有声电影那么放出来罢了。"② 大学教授之责有二：一为教室中之教学，一为课外之指导。二者衡之，指导之责重于教学。学生之自修与教师之指导，实为大学方法之主体，教室之教学不过为研究上之补充而已。

之于科研标准，蒋梦麟对于学术界、出版界学术品位低的情况亦进行揭露，并敬告著作家当忠实于学术："欲求学术之发达，必先养成知识的忠实。读者试观今日之出版物中，有明明抄袭而成也，则美其名曰著；明明转译自日文，而曰译自英文、法文或德文。夫对于金钱不忠实，不可以为商。对于行为不忠实，不可以为人。对于知识不忠实，其可以言学术乎？"③ 学风浮躁必然影响现代学术之正常发展。有某大学教授则言："中国大学教育只算得专门教育，因为大学教授的学术多不能应学生需要，而又可使他得以深造。现在的大学教授除极少数在学术上可以立足外，多不配谈什么学术，只望他此时候具备这个要件足矣：一，能做普通的文章，使人易于了解不是古文家不必故意学做古文，反而不通；二，能说普通话而又清爽有条理，使人多能了解易于记录；三，对于所教授的学程能从实地有系统的继续研究，不是当洋教授，讲洋八股；四，有容受学术上反对意见的德量，使得自由思想自由讨论，自由发展，而不至偏于一

---

① 田光程：《对大学教育的几点建议》，《中华教育界》1937 年第 24 卷第 8 期。
② 昭微：《大学教授无用论》，《社会与教育》1931 年第 18 期。
③ 蒋梦麟：《蒋梦麟讲学术文化》，百花洲文艺出版社 2020 年版，第 18 页。

隅或失事实的真相与学术在社会上的功用。"① 也有学者认为，教育部虽然有学术审议委员会来审定大学教员的升级资格，但观其审查章则，未免过分重于形式，之前所谓形式，乃指资格而言，以资格来作为审定教授的标准，未免不是一种方法，但不可求其过分，过分拘泥于资格的选择，则难免发生弊端与不公平。欧美各大学对于教授地位，有专门的才能和独立的人格，多少有名的教授大都是从苦学中成功的，多少发明家大都是没有学历（资格）的，但他们于学术上却有所成就。"欧美学者，欲博一大学教授之名，恒有费二三十年之努力，尚不可得者，其规定之严，可想而知。大体言之，教授至少应具三个条件，一为能以研究学术为终身事业者，一为能具有真实之教学兴趣者；一为在学术界有价值之著述与贡献者。不能具此三个最低限度之条件者，即缺乏教授根本之资格。故今日之选择教授，本乎此，则大学学术之地位可以提高，否则大学教育，将日沉而无以自拔。以上只就教授之类别，责任及资格言之。明乎者，方可以论今日我国大学之教授。现在国内公私大学之教授，约数百人，其中真具有学术界之威权，且能为学术界谋进步者确非少数。"②

三 评价主体以"大同行"为主

同行评审法的问题在于它可能受到人际关系等非学术性因素的影响，其评价更主观，有碍于学术创新。尽管同行评审存在上述问题，但其作用是不可替代的，因为只有学术领域的同行专家才能理解与评估学术研究的价值和水平。

根据知识结构与所属学科领域的差异，同行专家分为大同行与小同行。大同行是指评价主体与评价对象所属相似的研究领域，但在研究领域中没有紧密的联系，小同行是指与研究领域中的评估对象相一致或相似的专家。鉴于学术评估的客观性，小同行的评估比大同行的

---

① 陈启天：《大学教授与学术》，《中华教育界》1921年第11卷第3期。
② 程其保：《论大学教授与学生（上）》，《时代公论（南京）》1932年第16期。

评估更为可靠。小同行专家在学科与知识结构上更贴近评估对象，能更好地理解与认识其学术研究的价值和意义，从而可以更加客观，公正地评估对象。在中国早期的学术评价制度中，定义了对教员学术成就的评估，评估的形式是内容和学科的形式，以及细分的形式。然而，彼时的专家学者只是某一学科领域的专家，而进行的学术评估是由一位大型同行专家主持的，因而不一定保证学术评估的质量。民国时期各学术评价机构选拔的同行专家主要是大同行。例如，在1929年北京大学聘任委员会的常委中，有担任北京大学法律系主任的何基鸿，北京大学地质系主任王烈，北大国文系主任马裕藻等，他们需要参与审议各系主任提出的晋升人员名单。再如，1940年成立的教育部学术评议委员会，推行对教员资格的审查制度，各大学晋升的教员须上报教育部审查，且只有审查并合格者才能获得载明其等级之证书，学校才能按照助教、讲师、副教授、教授的等级予以晋升。教育部学术审议委员会，其中人员分为当然委员及聘任委员两种。当然委员只有四人，即部长、常务次长、政务长及高等教育司司长。委员共选举二十五人，十三人由各大学校长选出，其余由教育部直接提选。但由于他们的研究领域不同，他们未必对晋升评价中的评价对象有深刻的理解。

　　事实上，教员的学术评价需要对教员长久以来所呈现的学术作品进行真实的质性评价。仅仅依靠数位大同行专家在较短的时间内做出科学的评价是极其困难的。由于众多学术研究成果不仅涉及不同的学科领域，而且涉及不同的学术背景、不同的研究水平和不同的话语体系。现代学术评级中一般采用大同行与小同行专家结合的评价方法。参与同行评议的专家一般对被评议项目研究领域的研究现状和发展趋势十分了解，并从事过相应的研究工作。能够秉持治学严谨，行事公正。正如学者傅斯年所言："中国学术以学为单位者至少，以人为单位者转多。前者谓之科学，后者谓之家学。家学者所以学人，非所以学学也。历来号称学派者，无虑数百，其名其实皆以人为基本，绝少以学科之分别，而分宗派者纵有以学科不同，而立宗派犹是以人为本。"① 诚然,出于彼时的学科分类还没有完善,许多学术研究还处于起步阶段,使得学术专家在学术评价中的不适感并不明显,但以"大同行"为主的评价机制在评价真实、有效性上确实存有一定缺憾。

① 傅斯年:《中国学术思想界之基本误谬》,《新青年》1918 年第 4 卷第 4 期。

结　语

英国近代著名教育学家纽曼曾言："大学教育是通过一种伟大而平凡的手段去实现一个伟大而平凡的目的。"[①] 此伟大而平凡目的的实现者正是大学教师。大学教师是一个研究与传播专门学问的特殊学术群体，如何根据其学术业绩对其学衔或职称予以公平合理的评聘晋升，不仅涉及对诸多不同学科成果如何评价的专业问题，而且还直接关涉到教师个体的学术声誉和经济收入等切身利益，及其相关的职业操守和创新精神等诸多深层次问题。故而，大学教师晋升制度一直是学术界研究的焦点问题。

我国近代大学的建制，开始于"三千年未有之大变局"的鸦片战争及其后的洋务运动。"中体西用"和"师夷长技以制夷"乃当时的基本国策，晚清创设的近代学堂无疑亦循此国策。无论是早期的洋务学堂，还是稍晚的北洋大学堂或京师大学堂，虽引入西方制度理念，但是由于受几千年皇权专制及其观念的影响，在具体的教师晋升聘任举措中仍然无法摆脱官僚科层体系的窠臼，最终形成了"亦官亦学""以官评学"和"官学不分"的教师任用和晋升制度。

梅贻琦先生曾感言："大学者，非有大楼之谓也，有大师之谓也。"国民政府时期，大学教师的职称评聘与晋升权由原来的学校自主逐渐转变为学校申报由教育部审查批准。教育部对大学教师职称晋

---

① ［英］约翰·亨利·纽曼：《大学的理想（节本）》，徐辉等译，浙江教育出版社2001年版，第97页。

升的学历、从业年限和学术成果等都制定了相应的最低标准，并设立由大学校长和各领域专家组成的"学术审议委员会"专司此事，这从某种程度上纠正了北洋政府时期教师职称晋升无统一标准和过于主观随意等流弊。总体而言，在晋升制度逐步建立并发展的同时，各大学在教师聘任上的具体实践不断丰富着教师晋升的内容。一方面，各大学多以部令规定为晋升准则，但是又有很多逸出之处；另一方面，各大学之间因所处地域和执掌者不同，在各校晋升细则的制订与实施上亦相异。

纵观中国早期大学教师晋升制度的发展，其进步性来自破除了"官师合一"的教习晋级模式，建构起"多元民主"的教员晋升制度，遵循"公平效率"的教师晋升程序。但局限性也较为明显，在评价过程中，政治因素及亲缘、地缘、学缘等因素组成的"派系斗争"等"非正式规则"影响着晋升结果，学官优先、人情关系分享教员评价利益；于晋升条件层面上，在教学、科研等方面标准偏于简单与宽泛，易造成评价中"浑水摸鱼"之辈；于评价主体上，成员主要以"大同行"为主，难以理解和认识到申请者研究的学术价值，有碍于对晋升对象作出更为客观、公正的评价。以部令的规定来看，教员对于教学工作与科学研究都应该齐头并进，而不偏重或偏轻。然而，在实际的晋升中，往往还是倾重于考察其科研成果。然而，由于彼时中国学术体制本身尚处于建立之中，以怎样的学术成果作为晋升标准也还值得深入探讨。

美国教育家西奥多·赫斯伯格曾言："大学是所有社会机构中最保守的机构之一；同时，它又是人类有史以来最能促进社会变革的机构。"[1] 在笔者看来，之所以说大学保守，正是因为她与她的教师始终坚持独特品格与使命而不为历史长河中的种种诱惑所动摇；另一方面，也正是由于对这种独特品格的秉承与坚持，才使得大学不断地传播新

---

[1] Theodore M. Hesburgh, "The Nature of the Challenge", 转引自［美］伯顿·克拉克《高等教育系统——学术组织的跨国研究》，王承绪等译，杭州大学出版社1994年版，第203页。

知，培育英才，使它理所当然地成为有史以来最能促进社会变革的机构。

　　本书所考察中国早期大学教师晋升状况是一个颇为复杂的问题，由于个人学识能力有限，书中所提炼概括的一些观点和结论或许还不够成熟，或许尚偏狭一隅，存在某种疏漏、偏颇乃至失误，故衷心希望学界的前辈同人们批评指正。就笔者在此所揭示的部分若能为推动高等教育史的深入研究与对今日之大学晋升制度改革提供些许借鉴，心愿足矣。

附　　录

清华大学聘任委员会会议记录[①]

时间：二十六年五月二十日　下午四时

出席：吴有训 梅贻琦 沈履 熊庆来 施嘉炀 冯友兰 潘光旦 朱自清 陈岱孙 顾毓琇

主席：梅贻琦

记录：沈履

议决事项：

一、机械工程学系自本年第二学期起聘任李宗海为专任讲师请予讨论案

议决：通过

二、化学系自下学期起聘任苏国桢为专任讲师请予讨论案

议决：通过

三、各学系教授专任讲师任期届满应引续聘请予讨论案

议决：以下教授专任讲师应予续聘

四、提议外国语文系专任讲师杨业志自下学期起升任为教授案

议决：系审查研究作品再行讨论

五、提议历史学系专任讲师王信忠自下学期起升任为教授案

[①] 《聘任委员会会议记录》，1937 年，清华大学档案馆藏，资料号：1-2：1-108。

议决：通过

六、提议历史学系专任讲师邵循正自下学期起升任为教授案

议决：通过

七、提议地学系专任讲师李宪之自下学期起升任为教授案

议决：通过

清华大学聘任委员会会议记录[①]

时间：五月二十八 下午四时

出席：陈岱孙 朱自清 冯友兰 潘光旦 施嘉炀 顾毓琇 熊庆来 吴有训 沈履 梅贻琦

主席：梅贻琦

记录：沈履

议决事项：

一、外国语文系专任讲师杨业治研究作品送本会审查请予讨论案

议决：暂不升任

二、提议历史学系教员吴晗自下学期起升任专任讲师案

议决：通过

三、提议电机工程学系教员范崇武自下学期起升任为专任讲师案

议决：暂不升任

四、经济学系提请聘任伍启元为教授请予审议案

议决：暂不升任

五、地学系提请聘任鲁韩森为专任讲师请予审议案

议决：通过

六、土木工程学系提请聘任杨铭鼎为教授请予审议案

议决：通过

七、土木工程学系提请聘任张有龄为专任讲师请予审议案

议决：通过

---

① 《聘任委员会会议记录》，1937年，清华大学档案馆藏，资料号：1－2：1－108。

八、机械工程学系提请聘任陈继善为教授请予审议案

议决：通过

九、机械工程学系提请聘任梅思丹为专任讲师请予审议案

决议：通过

十、电机工程学系提请聘任范绪筠为专任讲师请予审议案

决议：通过

所定教员名称、等级、资格、待遇及聘任手续期限条件等，仰文到一周内详细具报内①

各大学学院暨专科学校览查各校所定教员名称、等级、资格待遇及聘任手续聘约期限服务条件等项本部亟待查考，一星期内详细具报教育部支印。

机械工程系拟请聘任叶智为助教（附简历）②

拟请照准兹有本系民国三十四年度毕业生叶智似可胜任，拟请聘请叶智为本系助教，月薪一百七十元，由一月份起薪以资辅助由沪来之旅费。附叶智履历。

生 辑祥谨上

三七 一十三

姓名：叶智

年龄：二十六

籍贯：南京市

学历：西南联合大学机械系三十年度毕业

交通部公路总局云南分局技术人员训练班毕业　在职员八个月

---

① 《所定教员名称、等级、资格、待遇及聘任手续期限条件等，仰文到一周内详细具报内》，清华大学档案馆藏，资料号：19341004 P16 1-2：1-125

② 《机械工程系拟请聘任叶智为助教（附简历）》，1948年，清华大学档案馆藏，资料号：19480113 P29 1-4：2-105：2。

公路总局第一机械工程员兼训练班讲师（七个月）

兹将国文系续聘教授名单开列赚聘任委员会为荷[①]

教授：朱自清（兼）杨振声（兼）沈从文（拟升）罗常培（兼）彭仲铎

副教授：余冠英　张清常

讲师：李广田（指定调聘）

助教：（原任马芳若下年度调中文系候选定后再另开单）

第十六次聘任委员会记录[②]

议决事项

（一）电机工程学系请升任教员钟士模为专任讲师应从缓改任

（二）聘杜增瑞为生物学系教授，月薪金380元

（三）聘楼邦彦为政治系教授，月薪金280元

聘任委员会第五十六次会议记录[③]

第五十六次会议　五月九日下午五时在附中休息室

文学院教授赵访熊先生下学年晋升为专任讲师。

决议：暂缓

第五十七次会议[④]

师范学院副教授余冠英先生晋级为教授（三十四年度起）

---

① 《兹将国文系续聘教授名单开列赚聘任委员会为荷》，清华大学档案馆藏，资料号：19430626 P96　X1-3：2-142

② 《第十六次聘任委员会记录》，清华大学档案馆藏，资料号：19420625 P33 1-4：2-99：2

③ 《聘任委员会第五十六次会议记录》，清华大学档案馆藏，资料号：19450529 P12 X1-3：2-10

④ 《第五十七次会议》，清华大学档案馆藏，资料号：19450529 P12 X1-3：2-10

议决：通过　月薪四百三十元

师范学院张清常先生晋级为教授（三十四年起）

议决：通过　月薪四百三十元

第一次聘任委员会记录[①]

民国二十七年十一月二五日下午四时半　东寺街花椒巷六号

报告事项：

（1）本年度同仁续发聘书均为一年并均未加薪

（2）新经聘定之教授专任讲师如下：钱锺书 外国语文系教授、华罗庚算学系教授、王竹溪物理学系教授、王德荣航空工程学系副教授、俞大绂农业研究所教授、陆近仁农业研究所教授、方毅航空工程研究所教授，戴世光国情普查研究所副教授、张有龄土木工程学系专任讲师、赵九章航空工程学专任讲师、吕凤章航空工程学专任讲师

（3）前专任讲师本年改聘为教授者如下

浦江清中国文学系、孟昭英无线电子研究所、林同骅航空工程研究所

议决事项

（一）改聘　叶国桢、张德昌、范绪筠、覃修典、张有龄、赵九章为副教授，月薪仍旧

（二）聘　余瑞璜为金属学研究所副教授、周惠久为航空工程研究所副教授

第二次聘任委员会记录[②]

日期：二十八年六月十七日下午四时　地点同上

下列各系所副教授改聘教授　化学系苏国桢、经济学系张德昌、

[①]《第一次聘任聘委员记录》，清华大学档案馆藏，资料号：19381125　P2　1-4；2-99；2

[②]《第二次聘任委员会记录》，清华大学档案馆藏，资料号：19390617　P3　X1-3；3-6

土木工程系覃修典、张有龄、航天工程研究所 林同骅、无线电子研究所范绪筠

检发修正大学及独立学院教员资格审查实行
细则第六条规定条文令仰知照由①

教育部训令 查大学及独立学院教员资格审查暂行规程公布前曾任教员者，其资格如缓。

用该项规程第十三条之规定审查，该项规程施行细则第六条规定应于该规程公布缓两年内送审，逾期得不得缓用该条。现据该项规程公布时业将两年，各院现任教员已送审者已达半数以上。但以证件未齐全而为送审者不在少数，为体念困难起见，特将缓用该条款，审查之时间延长一年。如逾期而未送审即不再沿用该条例审查。仰知照此令，附修正条款。

修正条文 第六条 暂行规程公布前曾任教员者资格之审查如缓用暂行规程第十三条之规定时应与该规程公布后三年内送审，逾期即不得缓用该条。

为发大学及独立学院教员资格审查暂行规程暨大学及独立
学院教员聘任待遇暂行规程各一份，令仰遵行由
（附大学及独立学院教员资格审查暂行规程暨大学
及独立学院教员聘任待遇暂行规程各一份）②

为发大学及独立学院教员资格审查暂行规程暨大学及独立学院教员聘任待遇暂行规程各一份，令仰该校即检本学年并将教员简历表翻印，注明推荐理由。

---

① 《检发修正大学及独立学院教员资格审查实行细则第六条规定条文令仰知照由》，清华大学档案馆藏，资料号：19421107 P29 X1-3：2-159

② 《为发大学及独立学院教员资格审查暂行规程暨大学及独立学院教员聘任待遇暂行规程各一份，令仰遵行由（附大学及独立学院教员资格审查暂行规程暨大学及独立学院教员聘任待遇暂行规程各一份）》，清华大学档案馆藏，资料号：19400827 P10 X1-3：2-159

令饬该校于固定期限内速将专科以上学校教员资格送审由[①]

教育部训令

查专科以上学校教员资格之审查业自本年度起开始办理,迭经令饬各该校遵于规定期限内将教员资格送审在案。兹本年度将结束已送审者审查。查该校尚未将教员资格送审,仰知照此令。

部长 陈立夫

北京大学王善永、米景森、胡郁斌六位升级人员著作审查意见报告表材料[②]

著作人	药理学科	专任讲师	全慈光
题目	1. 痢疾原三个虫之培养与维持其治病力之方法 2. A toxicologtcal study of antiaris toxicaria (nu chieuntzu) 3. A study on the antibacterial and toxic action of new molecular compound picryl sulfacetamide		
审查人	北京大学医学院生理学科专任教授 沈钧淇		
审查意见	附原审查意见抄件 To. Dr. C. K. Hu I have read over the papers (listed below) contributed by DR. chuen Tzu – kwang to the 50th anniversary of the university what i can criticize is that they are by no means great contributions toward the scientific world. Nevertheless, they serve some value in the studies of Chinese drugs Under the present circumstance of material difficulty, Dr. chuan has done well I think he deserves a promotion based upon this merit. Formerly i recommended him as Assistant professor in pharmacology and acting head . I still maintain my opinion T. C. SHEN		

---

① 《令饬该校于固定期限内速将专科以上学校教员资格送审由》,清华大学档案馆藏,资料号:19410721 P21 X1 - 3:2 - 159

② 《北京大学王善永、米景森、胡郁斌六位升级人员著作审查意见报告表材料》,1948 年,北京大学档案馆藏,资料号:BD1948491。

著作人	耳鼻咽喉科	专任讲师	胡善生
题目	无		
审查人	北京大学医学院耳鼻咽喉科临证教授兼主任 刘瑞华		
审查意见	教学热心 工作优良 成绩卓著 拟请准予提升副教授		

著作人	药学系	讲员	王善永
题目	1. the separation and determination of conalbumin 2. conalbumin in fresh and old eggs		
审查人	北京大学理学院化学系教授　张龙翔 北京大学医学院药学系主任　薛愚		
审查意见	认为两篇论文皆系 original research 稍经改修后有发表刊行之价值		

著作人	药学系	讲员	米景森
题目	Morphological studies of pollen grain in pen – Tslao drugs		
审查人	北京市私立辅仁大学农学系 教授 G. E. Methews 北京大学医学院药学系主任　薛愚		
审查意见	A valuable addition to the morphological analysis of various drugs A well performed piece of work 修改后有发表刊行价值		

著作人	牙学系	副教授	胡郁斌
题目	一、国产牙膏之研究 a study of local made dentifrices 二、牙医手术学　test book of operative dentistry 三、电刺作用　electrogalvanism 四、用比色法两嗜酸性细菌　count of B. acidophylus by colormetrie method 锻造法　ideal casting technique		
审查人	北京大学医学院牙学系临证教授　钟之琦 北京大学医学院牙医需临证教授　张乐天		
审查意见	以上五种论文除第二项外均为实际试验工作（original book）并读书报告		

十八年三月起聘任委员会议事录①

第二次聘任委员会

时间：十八年四月四日

列会者：何基鸿、王烈、马裕藻等

（一）代理院长依据评议会通过副教授规则提出龙际云、张佩瑚二讲师聘为物理学系副教授案

议决通过

（二）又提出郑奠讲师改聘为国文系教授案

议决通过

第三次聘任委员会

列会者：何基鸿、马裕藻、王仁辅等

（一）杨先生提议嗣后院长聘任教员时应先与系主任或预科主任接洽事宜

议决由本会向评议会建议

（二）院长提出聘毛准为教授案

议决 先聘为副教授，待担任功课一年后由院长提案再议

（三）院长提出聘文元模为教授案

议决通过

（四）院长提出聘陈建功为教授案

议决通过

（五）院长提出聘赵仁铸为教授案

议决通过

（六）院长提出聘郑寿麟为教授案

议决通过

---

① 《十八年三月起聘任委员会议事录》，1929年，北京大学档案馆藏，资料号：BD1929008。

（七）院长提出聘邓秉钧为教授案

议决调查后下次在提出

（八）院长提出聘罗昌为教授案

议决通过

（九）聘 L. A Richards（英人）为教授案

议决通过

（十）院长提出聘张熙为预科教授案

议决通过

（十一）院长提出聘赵淞为预科教授案

议决通过

第四次聘任委员会

时间：十八年七月二十五日

出席人：温源宁、陈大齐、马裕藻、何基鸿、王烈等

（一）院长提出聘白鹏飞为教授案

议决通过

（二）聘秦瓒为教授案

议决通过

（三）聘周作仁为教授案

议决通过

（四）聘刘秉麟为教授案

议决通过

（五）聘胡道维为教授案

议决通过

（六）继续聘张颐为教授案

议决通过

（七）聘黄建中等教授案

议决通过

（八）聘苏步青为教授案

议决通过

（九）聘刘钧为讲师案

议决通过

（十）聘黄镛为讲师案

议决通过

（十一）聘原田淑人为教授案

议决通过

第五次聘任委员会

时间：十八年八月九日

列会人：王仁辅、王烈、陈大齐、何基鸿、关应麟等

（一）聘郁达夫、吴承仕、黎锦熙、伦明、梁漱溟为讲师案

决议通过

（二）聘邓之诚讲师改聘为教授案

议决　留后下次再议

（三）聘傅斯年为讲师案

议决通过

（四）聘张孟闻为讲师案

议决通过

（五）聘孙昌烜等十一人为预科讲师案

议决照单通过

第六次聘任委员会

时间：一八年九月二十一日

列会人：陈大齐、王仁辅、王烈、何基鸿等

（一）聘龙际云为预科教授案

议决通过

（二）聘朱家健、范静安为法文系教授案

议决通过

（三）聘朱广才为讲师案

议决通过

（四）聘傅种孙为讲师案

议决通过

（五）聘李治、余上沅、叶崇智、斐鲁为讲师案

议决通过

（六）聘巴布尔为讲师案

议决通过

（七）聘孙人和等为讲师案

议决通过

（八）聘嵇文甫等为讲师案

议决通过

（九）聘蓝公武为讲师案

议决通过

（十）聘向乃祺等为讲师案

议决通过

（十一）聘宣永光、温寿链为预科讲师案

议决通过

（十二）聘赵任为讲师案

议决通过

（十三）聘吴祥龙、谢起鹏等为助教案

议决通过

十八年度第一次聘任委员会

时间：十八年十一月七日

列会者：王烈、张颐、陈大齐、何基鸿、徐宝璜、关应麟

（一）校长提出聘何杰为地质系教授案

议决 由校长去函敦请得统一后再议

（二）校长提出聘请张佩瑚、潘家洵为预科教授案

议决通过

（三）校长提出聘请陈兆畦为化学系助教案

议决通过

（四）校长提出聘请王季绪、吴瑞燕等为本科讲师案

议决通过

（五）校长提出聘请孙瑞麟为预科讲师案

议决通过

时间：十八年度三月二日第一次开会

列席者：陈大齐、何基鸿、关应麟、马裕藻、王仁辅

（一）院长提出拟请为教授案

议决如下：

夏元瑮　物理系教授　通过

陈衡哲　史学系教授　通过

张佩瑚　物理系教授　再议

龙际云　物理系教授　再议

孙云铸　地质系教授　通过

朱　洪　预科教授　　通过

（二）校长提出聘请马叙伦为本科教授案

议决通过

（三）校长提出与清华合聘范锜为教授案

议决通过

（四）校长提出聘程之铭等本科讲师为预科讲师案

议决通过

（五）校长提出聘戴名扬、叶荣增为助教案

议决通过

十八年度第二次聘任委员会

时间：十九年一月七日

列会者：徐宝璜、王烈、王仁辅、张颐、何基鸿、关应麟

（一）校长提出 聘请谢循初为本科教授案

议决通过

（二）校长提出 聘请郁达夫为本科教授案

第十八年度第三次聘任委员会

时间：十九年二月十八日

列会者：徐宝璜、何基鸿、陈大齐、王仁辅、张颐、王烈、关应麟

（一）校长再提出聘郁达夫为本科教授案

议决通过

（二）校长再提聘何杰为本科教授案

议决通过

（三）校长提出聘卓定谋等为本科讲师案

议决通过

（四）校长提出聘游凤池为军事系讲师案

议决通过

七月三日第四次

列会者：王烈、何基鸿、王烈、陈大齐等

（一）校长提出聘地加里（印度人）为教授案

议决通过

（二）校长提出聘张耀曾、钱瑞升、张祖训、陈启修为教授案

议决通过

（三）校长提出聘马一浮为教授案

议决通过

（四）校长提出聘邓之诚、李宗武、毛准为教授案

议决通过

（五）校长提出聘常福光、赵进义、谢家荣为讲师案

议决通过

十月八日第五次
列会者：张颐、王仁辅、何基鸿、陈大齐、王烈
（一）校长提出聘胡适为本科教授案
决议通过
（二）校长提出聘刘钧为本科教授案
议决通过
（三）校长提出聘金岳霖、程衡、李宗武、黄文山、靳宗岳、周赞衡、林镕、夏康农、孙国华、朱亦松、朱希亮、尹文、徐元广、周炳琳、胡寿霖为讲师案
议决通过
（四）校长提出聘黄文弼为副教授案
议决通过

十月二十日第六次
列会者：何基鸿、王烈、张颐、夏元瑮、陈大齐
（一）校长提出聘沈尹默为教授案
决议通过
（二）校长提出聘张佩瑚为副教授
决议通过
（三）校长提出聘宁恩承、余景淘为讲师
决议通过
（四）校长提出聘林树堂、丁道衡为助教
决议通过

十一月二十七日第七次
列会者：陈大齐、王烈、王仁辅、张颐等
（一）校长提出聘杨宗翰为教授

议决通过

（二）校长提出聘周炳琳、梁家义、陆守经、王少文、丁肇青、彭学沛为讲师

议决通过

（三）校长提出聘李有度、王海镜、杜芳洲、张友燿等为讲师

议决通过

参考文献

一 档案资料类

（一）北京大学档案

北京大学档案：BD19190192

北京大学档案：BD1924006

北京大学档案：BD1929004

北京大学档案：BD1937013

北京大学档案：BD1937014

北京大学档案：BD1946063

北京大学档案：BD1946071

北京大学档案：BD1946072

北京大学档案：BD1946174－176

北京大学档案：BD1947011

北京大学档案：BD19480090

北京大学档案：BD19480146

北京大学档案：BD19480153

北京大学档案：BD19480301

北京大学档案：BD19480302

北京大学档案：BD19480319

北京大学档案：BD19480397

北京大学档案：BD19480405

北京大学档案：BD19480406

北京大学档案：BD19480416

北京大学档案：BD19480417

北京大学档案：BD19480435

北京大学档案：BD19480492

北京大学档案：BD19480493

　　（二）清华大学档案馆．清华大学档案

清华大学档案：1-2：1-102

清华大学档案：1-2：1-108

清华大学档案：1-4：2-99：2

清华大学档案：1-4：2-103：2

清华大学档案：1-4：2-105：2

清华大学档案：1-4：2-105：4

清华大学档案：1-2：1-125

清华大学档案：1-4：2-127：1

清华大学档案：1-4：2-13

清华大学档案：1-4：2-148：1

清华大学档案：1-4：2-148：2

　　（三）清华大学档案馆．西南联合大学档案

西南联合大学档案：X1-3：1-11

西南联合大学档案：X1-3：2-10

西南联合大学档案：X1-3：2-130：2 3

西南联合大学档案：X1-3：2-1426

西南联合大学档案：X1-3：3-38：4

西南联合大学档案：X1-3：3-6

二　档案汇编类

北京大学校史馆编：《北京大学校史论著目录索引（1898—2003）》，北京大学出版社2004年版。

北京大学校史研究室编:《北京大学史料(1898—1911)》(第一卷),北京大学出版社1993年版。

北京师范学院历史系中国近现代史教研室编:《简明中国近现代史词典》(上、下册),中国青年出版社1985年版。

陈元晖:《中国近代教育史资料汇编》,上海教育出版社1993年版。

教育部教育年鉴编纂委员会编:《第二次中国教育年鉴(一)》,上海商务印书馆1948年版。

教育部教育年鉴编纂委员会编:《第二次中国教育年鉴(二)》,上海商务印书馆1948年版。

李森主编:《民国时期高等教育史料续编》(第1、2、3册),国家图书馆出版社2016年版。

潘懋元、刘海峰编:《中国近代教育史资料汇编——高等教育》,上海教育出版社2007年版。

清华大学校史研究室编:《清华大学史料选编》(第1、2卷),清华大学出版社1991年版。

清华大学校史研究室编:《清华大学史料选编》(第3卷,上、下册),清华大学出版社1994年版。

璩鑫圭、童富勇编:《中国近代教育史资料汇编——教育思想》,上海教育出版社2007年版。

璩鑫圭、唐良炎编:《中国近代教育史资料汇编——学制演变》,上海教育出版社2007年版。

宋恩荣、章咸主编:《中华民国教育法规选编(1912—1949)》,江苏教育出版社1990年版。

王文俊主编:《国立西南联合大学史料4:教职员卷》,云南教育出版社1998年版。

王学珍、郭建荣主编:《北京大学史料(1912—1937)》(第二卷,上册)北京大学出版社2000年版。

王学珍、郭建荣主编:《北京大学史料(1937—1946)》(第三卷),北京大学出版社2000年版。

王学珍、郭建荣主编：《北京大学史料（1946—1948）》（第四卷），北京大学出版社2000年版。

殷梦霞、李强选编：《民国教育公报汇编》（第1册），国家图书馆出版社2009年版。

三　著作类

蔡元培：《蔡元培自述》，河南人民出版社2004年版。

蔡元培：《蔡元培谈教育》，辽宁人民出版社2015年版。

陈达：《浪迹十年之联大琐记》，商务印书馆2013年版。

陈美延编：《书信集》，生活·读书·新知三联书店2001年版。

陈平原、夏晓虹编：《北大旧事》，生活·读书·新知三联书店1998年版。

陈平原：《北大精神及其他》，上海文艺出版社2000年版。

陈媛：《中国大学教授研究——近代教授、大学与社会的互动史》，山西教育出版社2012年版。

崔志海：《蔡元培》，浙江人民出版社1998年版。

董宝良：《中国教育史纲》（近代之部），人民教育出版社1990年版。

封海清：《西南联大的文化选择与文化精神》，云南人民出版社2006年版。

冯友兰：《三松堂全集》（第四卷），河南人民出版社1986年版。

冯友兰：《三松堂全集》（第五卷），河南人民出版社2000年版。

何廉：《何廉回忆录》，中国文史出版社1988年版。

黄世坦编：《回忆吴宓先生》，陕西人民出版社1990年版。

江崇廓等编：《清华大学》，湖南教育出版社1995年版。

蒋天枢撰：《陈寅恪先生编年事辑》，上海古籍出版社1997年版。

金吾伦编：《吴大猷文录》，浙江文艺出版社1999年版。

梁启超：《新史学》，商务印书馆2014年版。

梁柱：《蔡元培与北京大学》（修订本），北京大学出版社1996年版。

马嘶：《百年冷暖：20世纪中国知识分子生活状况》，北京图书馆出版社 2003 年版。

毛礼锐、沈灌群主编：《中国教育通史》（第 1 卷），山东教育出版社 2005 年版。

梅贻琦：《梅贻琦日记（1941—1946）》，清华大学出版社 2001 年版。

孟宪承：《大学教育》，华东师范大学出版社 2010 年版。

潘懋元主编：《中国高等教育百年》，广东高等教育出版社 2003 年版。

浦薛凤：《浦薛凤回忆录》（上、中、下册），黄山书社 2009 年版。

齐家莹编：《清华人物》，作家出版社 2001 年版。

钱穆：《国史大纲》（上、下册），商务印书馆 1996 年版。

钱穆：《国史新论》，生活·读书·新知三联书店 2001 年版。

钱穆：《八十忆双亲·师友杂忆》，生活·读书·新知三联书店 2005 年版。

钱伟长、虞昊主编：《一代师表叶企孙》，上海科学技术出版社 2013 年版。

清华大学校史编写组编：《清华大学校史稿》，中华书局 1981 年版。

任继愈：《念旧企新——任继愈自述》，山西人民出版社 1997 年版。

沈从文：《从文自传》，人民文学出版社 1981 年版。

申晓云主编：《动荡转型中的民国教育》，河南人民出版社 1994 年版。

舒新城：《蜀游心影》，中华书局 1939 年版。

苏云峰：《从清华学堂到清华大学（1911—1929）》，生活·读书·新知三联书店 2001 年版。

孙敦恒编：《王国维年谱新编》，中国文史出版社 1991 年版。

汤佩松：《为接朝霞顾夕阳——一个生理学科学家的回忆录》，科学出版社 1988 年版。

汪曾祺：《汪曾祺谈师友》，山东画报出版社 2007 年版。

汪曾祺：《忆昔》，江苏人民出版社 2014 年版。

王明：《王明自传》，巴蜀书社 1993 年版。

王学珍、王效挺等编：《北京大学纪事（1898—1997）》（上、下册），北京大学出版社 1998 年版。

吴大猷：《回忆》，中国友谊出版公司1984年版。

吴姵：《蔡元培高等教育管理思想研究》，上海交通大学出版社2012年版。

萧超然等编著：《北京大学校史（1898—1949）》，北京大学出版社1988年版。

萧超然主编：《巍巍上庠 百年星辰 名人与北大》，北京大学出版社1998年版。

徐葆耕：《紫色清华》，民族出版社2001年版。

徐复观：《徐复观全集——论智识分子》，九州出版社2014年版。

徐复观：《学术与政治之间》，华东师范大学出版社2009年版。

许纪霖：《中国知识分子十论》，复旦大学出版社2003年版。

许纪霖：《大时代中的知识人》，中华书局2012年版。

许渊冲：《诗书人生》，百花文艺出版社2003年版。

张曼菱：《西南联大行思录》，生活·读书·新知三联书店2013年版。

张晓唯：《蔡元培评传》，百花洲文艺出版社2015年版。

郑若谷编：《明日之大学教育》，南华图书局1929年版。

竺可桢：《竺可桢日记》，人民出版社1984年版。

朱自清：《朱自清自传》，江苏文艺出版社1997年版。

四 译著类

［比］亨利·皮雷纳：《中世纪的城市——经济和社会史评论》，陈国毳译，商务印书馆1985年版。

［比］伍尔夫：《中古哲学与文明》，庆泽彭译，华东师范大学出版社2005年版。

［波］弗洛里安·兹纳涅茨基：《知识人的社会角色》，郏斌祥译，译林出版社2000年版。

［德］弗·鲍尔生：《德国教育史》，滕大春、滕大生译，人民教育出版社1986年版。

［德］贝格拉：《威廉·冯·洪堡传》，袁杰译，商务印书馆1994

年版。

［德］马克斯·韦伯：《韦伯论大学》，孙传钊译，江苏人民出版社2006年版。

［德］马克斯·韦伯：《学术与政治：韦伯的两篇演说》，冯克利译，生活·读书·新知三联书店2013年版。

［德］柯武刚、史漫飞：《制度经济学——社会秩序与公共政策》，韩朝华译，商务印书馆2000年版。

［法］皮埃尔·布尔迪厄、J. C. 帕斯隆：《再生产一种教育系统理论的要点》，邢克超译，商务印书馆2002年版。

［荷］弗兰斯·F·范富格特主编：《国际高等教育政策比较研究》，王承绪等译，浙江教育出版社2001年版。

［加］约翰·范德格拉夫等编：《学术权力——七国高等教育管理体制比较》，王承绪等译，浙江教育出版社2001年版。

［美］伯顿·克拉克：《探究的场所——现代大学的科研和研究生教育》，王承绪译，浙江教育出版社2001年版。

［美］伯顿·克拉克主编：《高等教育新论——多学科的研究》，王承绪等译，浙江教育出版社2001年版。

［美］德里克·博克：《走出象牙塔现代大学的社会责任》，徐小洲、陈军译，浙江教育出版社2001年版。

［美］菲利普·G. 阿特巴赫：《比较高等教育》，符娟明、陈树清译，文化教育出版社1985年版。

［美］费正清编：《剑桥中华民国史（1912—1949）》（上卷），杨品泉等译，中国社会科学出版1994年版。

［美］杰罗姆·B. 格里德尔：《知识分子与现代中国》，单正平译，南开大学出版社2002年版。

［美］杰西·格·卢茨：《中国教会大学史（1850-1950）》，曾钜生译，浙江教育出版社1987年版。

［美］克拉克·克尔：《高等教育不能回避历史——21世纪的问题》，王承绪译，浙江教育出版社2001年版。

［美］拉蒙特：《教授们怎么想——在神秘的学术评判体系内》，孟凡礼、唐磊译，高等教育出版社2011年版。

［美］W. 理查德·斯格特、杰拉尔德·F. 戴维斯：《组织理论》，中国人民大学出版社2011年版。

［美］切斯特·巴纳德：《组织与管理》，曾琳、赵菁译，中国人民大学出版社2009年版。

［美］威尔铿斯：《大学教育新论》，郑若谷译，著者书店1932年版。

［美］伊利亚：《大学之行政》，谢冰译，商务印书馆1928年版。

［美］约翰·S. 布鲁贝克：《高等教育哲学》，王承绪等译，浙江教育出版社2002年版。

［日］佐藤慎一：《近代中国的知识分子与文明》，刘岳兵译，江苏人民出版社2006年版。

五　期（报）刊论文

（一）民国时期重要报刊

《晨报》（1912—1936）、《大公报》（1912—1936）、《大学院公报》（1928）、《法令周刊》（1930—1936）、《东方杂志》（1912—1936）、《教育部公报》（1930—1936）、《教育公报》（1920—1936）、《申报》（1912—1936）、《生活周刊》（1927—1933）、《中华教育界》等。

（二）民国时期大学所办报刊

《北京大学日刊》（1912—1936）、《北京大学月刊》（1919—1922）、《北京大学社会科学季刊》（1922—1926）、《北洋周刊》（1934—1936）、《湖南大学季刊》（1932—1936）、《南大周刊》（1928—1936）、《清华周刊》（1915—1936）、《清华周刊副刊》（1931—1936）、《四川大学周刊》（1932—1936）等。

（三）论文

陈洪捷：《蔡元培对德国大学理念的接受——基于译文〈德意志大学之特色〉的讨论》，《北京大学教育评论》2008年第3期。

陈平原：《"学术"谁来"评价"》，《社会科学论坛（学术评论卷）》2009年第4期。

陈韶峰：《试论学术评审中的委员会决策》，《高等教育研究》2003年版第5期。

陈媛、周治军：《论近代中国大学教授群体的演变动力》，《江苏高教》2008年第4期。

陈亚玲：《民国时期学术职业化与大学教师资格的检定》，《高教探索》2010年第6期。

邓小林：《近代省立大学教师聘任实现路径研究——以省立重庆大学为个案》，《西南交通大学学报（社会科学版）》2012年第3期。

邓小林：《近代国立大学教师聘任中的非制度性因素分析》，《煤炭高等教育》2008年第6期。

邓小林：《近代中国大学教师聘任、晋升等问题》，《求索》2004年第1期。

邓小林：《试论近代大学教师聘任与近代大学及学术发展之关系》，《黑龙江高教研究》2009年第7期。

范今朝、吴剑：《浙江大学初期的教师聘任制度及最早一批教授情况》，《浙江档案》2018年第10期。

龚放：《试论现代大学的社会责任》，《北京大学教育评论》2008年第4期。

何斯民：《抗战时期中国文化精英的生活状况及其报国途径——以迁滇文化精英为分析案例》，《学术探索》2006年第6期。

黄和平：《从民国教育法规看民国的大学自治》，《大学教育科学》2006年第2期。

黄俊伟：《公共记忆中的民国大学》，《现代大学教育》2012年第4期。

李剑萍：《百年来中国的大学自治与社会干预》，《河北师范大学学报（教育科学版）》2005年第1期。

刘超：《中国大学：历史、现状及其他》，《社会科学论坛（学术评论卷）》2009年第3期。

刘剑虹：《试论蔡元培和梅贻琦的大学教师观》，《华东师范大学学报（教育科学版）》1998年第1期。

刘建辉：《社会科学学术成果评价方法探析》，《湖南大学学报（社会科学版）》2007年第3期。

刘根东、何洪艳：《民国时期私立大学内部治理结构的主要特征及其借鉴》，《国家教育行政学院学报》2014年第10期。

刘明：《论民国时期的大学教员聘任》，《资料通讯》2004年第6期。

罗志田：《近代中国社会权势的转移：知识分子的边缘化与边缘知识分子的兴起》，《开放时代》1999年第4期。

吕文浩：《日军空袭威胁下的西南联大日常生活》，《抗日战争研究》2002年第4期。

漆向东：《中国近代大学理念与现代大学发展》，《江苏高教》2007年第3期。

桑兵：《近代中国学术的地缘与流派》，《历史研究》1999年第3期。

宋恩荣、李剑萍：《民国教育史及其研究中的几个问题——李华兴主编〈民国教育史〉读后》，《历史研究》2000年第3期。

王建华：《中国近代大学的形成与发展——大学校长的视角》，《清华大学教育研究》2000年第4期。

谢泳：《1949年前中国国立大学校长与政府的关系》，《社会科学论坛》2004年第10期。

许纪霖：《重建社会重心：近代中国的"知识人社会"》，《学术月刊》2006年第11期。

许纪霖：《"少数人的责任"：近代中国知识分子的士大夫意识》，《近代史研究》2010年第3期。

阎光才：《高校教师聘任制度改革的轨迹、问题与未来去向》，《中国高教研究》2019年第10期。

阎光才：《谨慎看待高等教育领域中各种评价》，《清华大学教育研究》2019年第1期。

阎光才：《象牙塔背后的阴影——高校教师职业压力及其对学术活力

影响述评》,《高等教育研究》2018 年第 4 期。

严海建:《抗战后期的通货膨胀与大后方知识分子的转变——以大后方的教授学者群体为论述中心》,《重庆社会科学》2006 年第 8 期。

张坷:《民国时期公立大学教师聘任制度研究（1912—1937）》,《学习与探索》2016 年第 4 期。

章清:《"学术社会"的建构与知识分子的"权势网络"——〈独立评论〉群体及其角色与身份》,《历史研究》2002 年第 4 期。

赵书琪、于洪波:《民国时期大学教师晋升制度源流考》,《高教探索》2019 年第 11 期。

朱希亮:《大学教授应由政府统一聘任之建议》,《教育通讯》1940 年第 19 期。

庄磊、王林:《西南联合大学人事管理制度研究》,《现代大学教育》2005 年第 3 期。

后　　记

　　从懵懂少年到今日之华发初生，学习常伴吾身。无数次的徘徊、迷茫和辗转反侧最终化作了努力与奋进。选择《中国早期大学教师晋升制度》作为研究题目，虽源于个人的兴趣，但也因自己的学识浅陋而时常感到惶恐不安。故而，书稿虽已结稿，却仅仅是自己对"为学与为人"探索的另一个开端。

　　感谢恩师戚万学教授，其宽广的学术视野、高深的学术造诣与严谨的学术态度令人折服，于我这个初入学术殿堂蹒跚学步者，他一直是我成长中的"引路人"，给予着充分的宽容和鼓励，这让我对学术充满敬畏，不敢懈怠。

　　感谢清华大学档案馆文书档案部朱俊鹏主任、北京大学档案馆王春茵、许锐、郭荣等老师在我查阅档案文献过程中的支持与帮助！感谢中国社会科学出版社的安芳老师，从本书的初稿至每一次的修改，安老师以其专业严谨的工作态度与精益求精的匠心精神令我折服，在安老师的悉心指导下，我得以不断反思与完善。特向为书稿的出版付出心血的各位专家，致以最崇高的敬意与最诚挚的谢意。

　　感恩父母的养育之恩，在长达20余年的学习生涯中，倾尽一切，为我创造安逸的学习环境；感谢我的奶奶对我成长的无私付出与无微不至的照顾；感谢爱人以丰富的资料占有及对教育问题敏锐的洞察力，常使我在困顿之时豁然开朗；你们是我坚实的臂膀，也是我心灵的港湾，你们的关心、宽容、理解与支持始终是不断前进的力量之源。

"行路难,行路难,多歧路,今安在?长风破浪会有时,直挂云帆济沧海。"作为一个教育史研究的"初学者",本书的诸多论点定存有诸多不足需要改进,希望读者不吝指正,这也将成为我下一步研究的起点。

赵书琪
山东师范大学千佛山校区
2022年11月